Fred Strohmeier

Neue G'schichten vom Land

Mit neun Zeichnungen
von

GERALD BRETTSCHUH

Fred Strohmeier

Neue G'schichten vom Land

Verlag Styria

NACHWORT: LEOPOLD NEUHOLD

Die Deutsche Bibliothek – CIP-Einheitsaufnahme

Strohmeier, Fred:
Neue G'schichten vom Land /
Fred Strohmeier. –
Graz ; Wien ; Köln : Verl. Styria, 1993
ISBN 3-222-12220-2

Printed in Austria
Umschlagzeichnung: Gerald Brettschuh
Satz und Druck: Druck- und Verlagshaus Styria, Graz
Bindung: Wiener Verlag, Himberg
ISBN 3-222-12220-2

Inhalt

Vom Kleinhäuslerglück .. 7
Der Amterlsammler .. 12
Der ewig Fröhliche .. 17
Hochwürden im Saustall .. 20
Um ein Stück Brot .. 23
Rückkehr der Seelen .. 28
Eisenteig und Stahlnudeln .. 31
Der Wilderer vom Schildhof .. 34
Khünegger TV-Theater .. 37
Stärkende Pferdestärken .. 41
Von unschuldigen Kindern .. 46
Die Korbmacher-Saga .. 50
Um einen Katzensprung .. 53
Von unten und von oben .. 56
Wie spät ist es? .. 60
Der Rückzug der Schuster .. 63
Als ich Holzknecht war .. 68
Begegnung im Stall .. 73
Wenn der Jauk geht .. 77
Jemand vor der Tür .. 80
Wieviel Eier kost's? .. 83
Romanze am Waldrand .. 86
A Federl am Huat .. 91
Verräterische Osterbeichte .. 94
Taschenraufen, Distelstechen .. 97
Die beiden Mütter .. 100
Ein derber Spaß .. 102

Ausfahrt am Pfingstsonntag .. 105
Die fremde Melkerin .. 108
Das Kuhfenster getroffen .. 112
Hochwürdige Originale .. 115
Die neue Kegelbahn .. 119
Die alten Koglweber-Leut auf Urlaub .. 122
Bei der Großen Buche .. 126
Wenn Waschtag war .. 129
Die alten Baumeister .. 132
Unterhaltsame Wallfahrt .. 135
Geteilte Erntefreuden .. 138
„Kemmt's alle Woaz schäln!" .. 141
Guten Morgen im Dorf .. 145
Die Erwartung .. 148
Eine unfeierliche Stille .. 151
So ein Theater! .. 154
Verhinderte Kontrolle .. 159
Von Kostgehern und Bettelsleuten .. 162
Christbaumsuchen .. 166
Die Pfaffensack-Geschichte .. 169
Der „halberte Viechdoktor" .. 172
Gabriel, der Autonarr .. 175
Auf dem Kirchweg .. 178
Die nichts erlebt haben .. 183
Die Pfingsttauben .. 185

Nachwort .. 188

Vom Kleinhäuslerglück

Wie es denn möglich sei, werde ich zuweilen gefragt, daß ich manchmal von einem Leben in Glück und Zufriedenheit erzählen könne, das in Wahrheit doch ein armseliges, notiges Hausen voller Kargheit und Entbehrung gewesen sei. Ob nicht Häßliches wissentlich beschönigt und längst Überwundenes verherrlichend in die Gegenwart gerufen werde. – Ja, ich beschreibe oftmals das schlichte Dasein ländlicher Kleinhäusler und Keuschler; eine Welt, die noch gar nicht so lange versunken ist, und ich erzähle dann auch aus eigenem Erleben.

Ich erzähle vom Alltagsglück dieser Leute, das so bescheiden wie still ist, das aber nie satt und immer neu zufrieden macht.

Wer einen halben Tag lang auf dem Acker in der heißen Sonne buckelte und schmorte, empfand es als unbeschreibliche Wohltat, auf dem Heimweg einen schattigen Baum zu finden, unter dem es sich ausrasten ließ. Wer in der glühenden Wiesenhitze das Heu zettelte, wendete und rechte, bis es krachdürr war, der empfand allemal ein Glückseligkeitsgefühl, wenn in der Nähe ein kleiner Bach mit eiskaltem, klarem Wasser floß.

Ich erinnere mich an einen Briefträger, der auch in unserem weitläufigen Hügelland zu Fuß oder mit dem Fahrrad unterwegs war und es sich immer so einrichtete, daß seine Tour am späten Nachmittag bei einem Bauern in Khünegg oben auf der Höhe beendet wurde. Müde

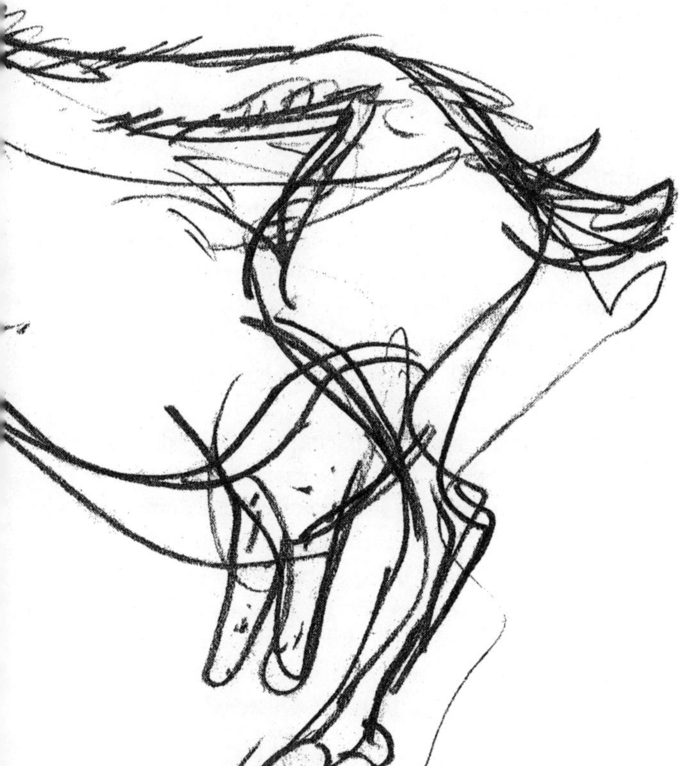

und durstig setzte er sich dort auf die Bank vorm Haus und trank ein Krügel Most. „Darauf freu ich mich den ganzen Tag“, gestand er oftmals.

Wer auch in den frostigen Wintertagen und bei Schnee und Wind in den Wald hinaus mußte, glaubte das ganze Glück dieser Welt zu erfühlen, wenn er danach in der Stube oder auch nur in einer Hütte neben dem Ofen saß, in dem das Holz krachte, auf dem in einem Häfen der Lindenblütentee sott und in einer Pfanne die Eierspeise brutzelte. Und das war noch ein ursprüngliches Erleben von Geborgenheit und geglücktem Widerstand gegen Naturgewalten, wenn man in einem sicheren Unterschlupf auf den tobenden Sturm und sein ächzendes Zerren im Gebälk horchte.

Ein Schlachttag gedieh allemal zum üppigen Festtag, an dem gesotten, geröstet und gebraten wurde und zu dem man die Nachbarn lud, nachdem man Monate hindurch frisches Schweinernes hatte entbehren müssen. Und die Notschlachtung eines Rindes war zwar ein Unglück für die betroffene Bauernfamilie, aber die ganze Gemeinde nahm freudig die Einladung an, für wenig Geld einmal in den Rindfleischgenuß zu kommen und zugleich ein Werk im Geiste der Nachbarschaftshilfe zu vollbringen.

Mein Vater, auch ein Kleinhäusler, wurde unausstehlich grantig, wenn im Sommer mitten in drängender Arbeitszeit ein heftiger Regen einfiel, das dürre Heu oder Getreide nicht mehr rechtzeitig eingebracht, die Rübe nicht angebaut oder die trockene Waldstreu nicht in die Hütte gebracht werden konnte. Bald aber verrauchte sein Zorn, er verkroch sich im vorrätigen Heu auf dem Dachboden und kam später wieder ganz zufrieden zum Vorschein und sagte halb verschlafen: „Dös tuat wohl, wenn da Regn aufs Dach drauftäuberlt“ (gleichmäßig und leise klopft).

Zu den beständigen Freuden meiner Mutter zählte es, sich an manchen Sonntagnachmittagen vom Gwandflicken losmachen und zu einer Nachbarin gehen zu können. „Dös is heut lusti gwesen“, erzählte sie dann aus frohem Herzen. Manchmal durfte ich mitgehen, so daß ich eine Ahnung von den Quellen dieses Lustigseins bekam. Zuerst die Stille, in welcher die feierliche Ruhe des Sonntags fühlbar wurde und in der bloß das Ticken der Stubenuhr und zauderndes Gerede Platz hatten. Dann ein Krügel mit rotem Heckenwein, von dem mich die Mutter freilich nur kosten ließ (die Gastgeber hingegen ermunterten mich: „Trink, Fredi, trink, da wirst nachher stark!“), und ein Teller voll Wieder (weißes Milchbrot), von dem ich uneingeschränkt nehmen durfte. Und schließlich das fröhlich anschwellende Geplauder, an dem ich als Zuhörer auch ohne den hinreichenden Genuß vom roten Heckenwein helles Gefallen fand.

In der Weise könnte ich endlos erzählen. Dann die wiederkehrenden und doch allemal frisch erlebten Freuden der Jahreszeiten: der erste Krokus im Apfelgarten; die ersten Stare auf dem Kirschbaum; der erste Löwenzahn am Ackerrain für die Salatschüssel; die ersten Rosen am Gartenzaun; die ersten Erdbeeren am Waldrand; die erste Handvoll Korn vom Acker; der erste junge Wein; die ersten Flocken aus dem tiefen Himmel als helle Vorboten des Christfestes …

Alles Quellen eines stillen, bescheidenen Glücks, das nie satt und immer neu zufrieden macht.

Aus ihnen floß das Kleinhäuslerglück.

Der Amterlsammler

Ein neues Fremdwort faßt auf dem Land nur gemeinsam mit jenem Fremden Fuß, das es ausdrücken möchte. Ein neues Wort für gewachsene Ausformungen im dörflichen Zusammenleben findet daher auch kaum oder nur zögernd Eingang in die Alltagssprache. „Ämterkumulierer" ist so ein Begriff, im Allgemeinverständnis eher eine sprachliche Neuschöpfung zur Bereicherung des Schimpfwortschatzes; doch auf den das hochgestochene Wortungetüm zutrifft, der ist auf dem Land allemal noch ein „Amterlsammler". Und diesem ist auch ein spürbares Maß an Zuneigung und Wertschätzung sicher, allenfalls nebstbei liebevolles Genecke, keineswegs wirft man ihm aber krankhaften Geltungsdrang oder gar Herrschsucht vor, und man macht ihn nicht zum Mittelpunkt heimlichen Gespötts: In erster Linie versteht man darunter einen, der immerwährend Bereitschaft zeigt, für die Allgemeinheit wichtige, oftmals unentbehrliche Ämter und Dienste zu übernehmen. Ohne solche Leute hätte das Wort „Gemeinwohl" einen fremden Klang.

Diese immerwährende Bereitschaft nimmt zuweilen freilich auch fragwürdige Formen an, und manch Amterlsammler kommt mit seiner Sammlung gar nicht mehr zurecht: Manchem gelingt es gerade noch, Sitzungen zu eröffnen, ohne die Anlässe dafür zu verwechseln (dabei gewinnen die üblicherweise in den Hintergrund gedrängten Stellvertreter, Geschäftsführer, Schriftführer und dergleichen eine ordnungssichernde Bedeutung); manch einer aber stiftet durch seine Allgegenwärtigkeit Verwirrung. Wie in der nachfolgenden Geschichte.

Nachdem in einer Landgemeinde der Gemeindekassier plötzlich gestorben war, mußte der Vorstand jener Partei, welcher der Verblichene angehört hatte, zu einer eilends einberufenen Sitzung zusammentreten, um einen Nachfolger zu nominieren – „aufzustellen", wie's auf dem Land allgemein heißt. Dem Vorstand gehörte auch der Brachinger an, ein ruhiges Männlein mittlerer Jahre. Eigentlich fühlte er sich gar nicht dazu berufen, in der Öffentlichkeit mitzureden, mitzuentscheiden oder gar mitzuverantworten. Das alles erforderte doch waches politisches Talent, und das glaubte er bestimmt nicht zu haben, wie er in sich überhaupt keine Neigung für Politik oder gar Parteipolitik verspürte. Aber sein alter Schulfreund, der Langsteiner, der ein gescheiter Kopf war, hatte ihm etliche Male bei lästigen Behördenangelegenheiten geholfen, und danach war er von ihm belehrt worden: „Du muaßt in der Öffentlichkeit deinen Mann zeigen! Da kriagst a Selbstbewußtsein, und damit kommst allweil besser durch. Und nachher hoaßt's: Der kann was, auf den lost (hört) man, der muaß für uns das und das Gschäft übernehmen! Und nachher is er wer und kommt dumandum (überall) noch leichter durch." So hatte der Langsteiner auf ihn eingeredet, und irgendwie empfand der Brachinger eine Dankesschuld, und so hatte er sich in den Parteivorstand wählen lassen. Er hatte damals zwar auch gelegentliche Mitarbeit zugesichert, aber bei den Sitzungen war er bisher immer verhindert gewesen; man war dankbar und zufrieden, seine handfeste Mitarbeit beim Vorbereiten von Veranstaltungen und Austragen von Flugblättern beanspruchen zu können.

Diesmal erschien er aber zur Sitzung, denn schließlich ging es um einen neuen Gemeindekassier, also um die Besetzung der Spitzenposition seiner Ortspartei im Dorf. Ihm waren sogar darüber Gedanken gekommen, wer dafür in Frage käme.

Unter seinen Parteifreunden hatten zwei eifrige Kämpfer seine Sympathie gewonnen – ob er ihre Namen nennen soll? Oder hat sich der Langsteiner als derzeit geschäftsführender Obmannstellvertreter bereits für jemand entschieden, über den lediglich noch diskutiert werden muß? Oder wird sich dieser selber ins Spiel bringen lassen, schlau und unabweisbar? Schließlich zweifelte niemand daran, daß der Langsteiner beim nächsten Ortsparteitag dem dahingeschiedenen Gemeindekassier auch als Obmann nachfolgen werde.

Der Brachinger begab sich also ein wenig unschlüssig zum Bartlwirt, wo die Vorstandssitzung stattfand, und weil er sich von seiner Unschlüssigkeit so lange hatte peinigen lassen, kam er ganz offensichtlich zu spät. In der Runde um den mit schon halbgeleerten Bierkrügeln angeräumten Tisch hatte der Langsteiner bereits das Wort ergriffen, und der Neuankömmling setzte sich unauffällig abseits hinzu.

„Aufgstellt muaß er werden!“ hielt der geschäftsführende Obmannstellvertreter entschieden fest; den Brachinger schien er gar nicht zu beachten. „Ihm kommt in unserer Gmeinde schließlich a wichtige Funktion zua. Wir müaßn daher schaun, daß er öffentlich unbedingt Beachtung find’. I mein allerdings, so wie er hiatz is, is er a bißl z’ protzig.“

„Besser als unauffällig!“ rief einer, der schon viel in der Welt herumgekommen war.

„Aber so farblos …“, wandte jemand ein.

„Soll er rot, schwarz, grün oder weiß der Teufel wie sein?“ erregte sich jetzt der Langsteiner.

Noch eine Anmerkung wurde gewagt: „Auf d’ Farb soll’s nit ankommen!“

Der Brachinger bereute es nun, sich zu spät eingefunden zu haben, da er jetzt keine Ahnung hatte, welcher farblose Kandidat im Augenblick dem so kritischen Urteil unterzogen wurde. Er wollte sich unauffällig fragend an seinen Sitznachbarn wenden, als jemand zum Lockern der allgemeinen Spannung heiter einwarf, er habe Grundsätzliches vorzubringen.

„Nachher red!“ knurrte der Vorsitzende.

„Wenn er aufgstellt wird“, sagte der andere, „nachher muaß er so standfest sein, daß er nit glei vom ersten Lüfterl, das daherblast, umgschmissen wird. Und er muaß a unmißverständlich in alle Richtungen weisen.“

Allgemeines Gelächter. Der Brachinger war mit seiner Partei aber doch zu sehr verbunden, als daß er bedenkenlos mitzulachen und noch länger ruhig zuzuhören vermochte. „’schuldigung, daß i z’spät kommen bin“, redete er in die Runde hinein. „Aber hiatz möcht i doch endlich wissen, wer da aufgstellt werden und in alle Richtungen weisen soll.“

„Wir wissen noch gar nit, ob und wo er in unserer Gmeinde – i mein, wohl im Ort da – aufgstellt werden soll“, antwortete der Langsteiner über den Tisch her.

„Was, das wißt’s noch gar nit?“ staunte der Brachinger.

„Heutzutag will alles ordentlich überlegt sein.“

„Söll schon, aber wer soll’s überhaupt sein?“

„Was redst denn hiatz dazwischen?“ fragte der Langsteiner unwillig zurück. „Wir wolln da noch gschwind die Sach mit dem neuen Wegweiser klären. Du kannst ja schon hineingehn, Brachinger, i komm gleich nach. Und nachher fang ma an.“

Ja, der Parteivorstand tagte im Nebenraum, und der Langsteiner wollte zuvor unbedingt auch beim Fremdenverkehrsverein seinen Standpunkt darlegen. Schließlich war er auch hier Obmann. Unter anderem.

Der ewig Fröhliche

Er gehörte zur Zunft jener Umhergeher (bei uns in Khünegg sagte man „Umageher"), die überall Femde und doch in jedem Landstrich gleichsam eingebürgert waren: lauter harmlose, wunderliche Leute, die eine eigene Weltsicht und ein besonders ausgeprägtes Freiheitsempfinden hatten. Er unterschied sich von den anderen aber dadurch, daß er kaum über sein Heimattal hinauskam.

Von jungen Jahren an war er bei einem Landesproduktenhändler Fuhrmann gewesen und hatte mit dem Pferdepaar auch für die ganze Gegend die Frachtgeschäfte besorgt. Von den Hügeln hatte er die Fässer mit Most und Wein geholt, und vom Bahnhof waren von ihm allerlei Güter ins Dorf gebracht worden. Und mit demselbem Wagen – mit schwarzen Papiergirlanden geschmückt – hatte er die Toten auf den Friedhof gefahren. Nachdem dann sein Dienstherr einen Lastkraftwagen und ringsum jeder Bauer einen Traktor angeschafft hatte, da mochte er sich nimmer mit einem neuen Broterwerb anfreunden: Das Unterwegssein zu den Leuten, bei Sommerglut ebenso wie bei Winterfrost, war ihm zum geliebten Lebensinhalt geworden. War er früher, auf seinem Fuhrwagen sitzend, lustig singend über die schotterigen Straßen und lehmigen Wege gefahren, so wanderte er nun auf diesen zu Fuß dahin. Statt eines Wanderstabes hatte er die Geißel aus seiner seligen Fuhrmannszeit bei sich, der geknotete Riemen war um den Birkenstiel geknüpft: als Zeichen seines unwiderruflichen Abschieds vom bewegten Fuhrmannsleben. Aber er schien darüber keine Traurigkeit zu empfinden, denn auch zu Fuß zog er singend seines Weges. Und sein treuer Begleiter gab ihm den Namen: Peitschenferdl – seinen wirklichen Namen kannte kaum noch jemand.

Wenn er bei den Häusern zukehrte, dann bettelte er nicht um einen Krug Most, um eine warme Suppe und um ein Stück Brot oder um ein schlichtes Nachtquartier, das hatte er nicht nötig: Überall lud man ihn gerne zum Tisch, bot man ihm ein Nachtlager an. Dafür packte er unaufgefordert zu, wo es Arbeit gab, wo seine helfende Hand gebraucht wurde – für ein, zwei Tage, länger hielt es ihn nirgends; dann zog er weiter.

Doch was immer er auch anging, ob er eine Fuhre Mist auflud oder auf dem Acker Klee mähte, ob er einen Bretterzaun strich oder sich beim Holzklieben abmühte – immer sang er dabei fröhliche Weisen. Es war zumeist ein wundersames Gemisch von uraltem Liedgut und spontanem Gesinge, von heiter verzerrten Lauten und kecken Gesangseinfällen.

Aber die Leute wußten, daß er manchmal in Wahrheit gar nicht bei guter Laune war, daß ihn zuweilen mancherlei bedrückte und daß ihn ein chronisches Magenleiden plagte. Doch davon erzählte er allenfalls hinterher, wenn die Leiden von ihm gewichen waren, und man machte sich Vorwürfe, ihm nur schwere Arbeit und keine leichte Kost geboten zu haben.

„Bist allweil gut aufglegt, weilst in einem fort singst", sagte einmal jemand staunend zu ihm, und irgendwie war's auch eine leise Entschuldigung dafür, daß er niemals nach seinen Gebrechen gefragt wurde.

„I laß mir nie nix anmerken", gab der Peitschenferdl

zur Antwort. „Weil wenn mi was druckt, nachher sing i erst recht, damit die Leut nit denken, mi druckt was.“

„Aber nachher können s’ doch sagen: Lost’s, der Ferdl singt, der is heut nit guat aufglegt!“

„Drum sing i ja allweil, solang i halt kann.“

Einmal im Herbst machte er sich bei einem Bauern nützlich, indem er beim Siloeintreten half. Für die Nacht verkroch er sich gleich nebenan im „Boam“ (Strohhütte), doch am Morgen kam er nicht, wie man’s gewohnt war, singend aus seinem Lager: In der Nacht war der Peitschenferdl still gestorben.

Und seither kann’s in der Gegend vorkommen, daß es heißt, wenn man einen singen hört: „Der muaß nit guat aufglegt sein, weil er singt …“

Hochwürden im Saustall

Es ist noch gar nicht so lange her, da war jedem ländlichen Pfarrhof eine mehr oder minder große Landwirtschaft angeschlossen. Zumindest was die Küche betraf, so war auch der Pfarrer stolzer Eigenversorger, und selbst der Meßwein kam vom eigenen Weingarten, wenn Klima und Lage eine ordentliche Rebanpflanzung in näherer oder weiterer Umgebung zuließen. Auf alle Fälle gab es im Pfarrhofbereich eigene Stallungen mit allerlei Getier darin. In der Regel kümmerten sich um Feld und Hof, um Wald und Gärten wenigstens ein Knecht und eine Magd. Aber unter den Pfarrherren gab es nicht selten auch solche, die es sich mit Wohlgefallen anmerken ließen, daß sie aus dem Bauernstand kamen, und die meisten kamen aus diesem. Manchmal war dann ein Knecht entbehrlich, weil sich Hochwürden persönlich nicht bloß im Garten, sondern auch auf Äckern und Wiesen, im Weinberg (nicht nur des Herrn) und beim Vieh im Stall zu schaffen machte.

In einer oststeirischen Pfarrei erinnert man sich heute noch lebhaft an den mittlerweile schon verstorbenen Pfarrer, „der sich halt so viel gern mit der Bäuerei abgegeben hat“. Er wäre ja auch gewiß ein Bauer geworden, aber als Bub sei er zu „letz“ (schwächlich), dafür aber ein „kluges Köpfl“ gewesen, und so habe man ihn studieren lassen, damit er – selbstverständlich – Geistlicher werde.

In seiner noch stark bäuerlich geprägten Gemeinde stand er deswegen zwar hoch im Ansehen, weil er mit den Bauersleuten gut zu reden verstand und für ihre Anliegen alleweil Verständnis aufbrachte, vor allem, wenn es hin und wieder um die Dispens für die Sonntagsarbeit ging, aber gar zu sehr dem Weltlichen zuwenden sollte sich ein geistlicher Herr auch wieder nicht, hieß es zuweilen. Mein Gott, wenn man bedenkt, daß einer mit jenen Händen das heilige Brot bricht, die zuvor bei der morgendlichen Stallarbeit die Mistgabel geführt hatten …

An einem Werktagnachmittag kam eine betagte Bäuerin in den Pfarrhof. Eine „Meß zahlen" wolle sie für ihren verstorbenen Mann, sagte sie der Wirtschafterin, die schon für das Nachtmahlkochen zurüstete. Denn der Jahrestag komme schon wiederum heran, aber das habe Hochwürden vielleicht eh schon aufgemerkt. Der Herr Pfarrer könne wohl nicht weit sein, sagte die Wirtschafterin. Vielleicht sei er hinterm Stall bei den Bienen oder draußen auf dem Krautacker, um die Raupen abzuklauben, oder gleich im Hof, um Gras für die Stallhasen zu mähen; auf das Feld Nachschau halten gehe er meist am Sonntag nachmittag.

„Meiner Seel, der geistlich Herr is halt ganz z' fleißig!" bemerkte die Bäuerin ein wenig unglücklich und ging hinaus. Aber sie fand ihn weder im Hof noch bei den Raupen und Bienen, und sie meinte schon, ob er nicht doch aufs Feld … Da hörte sie vom Stall her plötzlich ein lautes Geklopfe. Sie ging vorsichtig und ein wenig beklommen in das Stallgebäude, in dem es nicht gerade ordentlich aussah, und fand richtig den Herrn Pfarrer, von Schweinen umgrunzt, in einer der Boxen. Sie wagte es nicht, sich ihm zu nähern, so blieb sie beinahe atemlos im Eingang stehen, bis er endlich aufschaute.

„Hochwürden im Saustall!" stieß die alte Frau hervor, ehe sie ein geziemendes Grußwort sagte; ein „Gelobt sei

Jesus Christus“ brachte sie in dieser Umgebung allerdings nicht über die Lippen.

„Die Luderviecher haben schon wieder den Trog herausgrissen!“ schimpfte der Geistliche und arbeitete unbeirrt weiter.

„Ja, in der Bäuerei gibt's allweil was zu richten“, sagte die Alte in ihrer Verlegenheit.

„Man sollt ihnen zur Straf nix z' fressen geben, aber nachher kriegen wir keinen Speck.“ Der Pfarrer schlug sich Spinnengewebe und Stroh von der grauen Weste, wischte die Hände im blauen Fürtuch ab, bevor er seinen Besuch begrüßte.

„Eine Meß möcht i zahlen, Hochwürden“, wurde ihm das Anliegen vorgetragen. „'s kommt wieder der Sterbetag für mein' Mann. 'leicht hat's Hochwürden eh schon aufgmerkt.“

Nein, das hatte er nicht getan, mußte sie feststellen, nachdem sie in die Pfarrkanzlei gegangen waren. In ihr stießen böse, frevlerische Gedanken hoch: Wenn ich ihm vielleicht einen ausgeliehenen Rübensamen noch schuldig wäre oder den Haartrog noch nicht zurückgebracht hätte, das würde er bestimmt …

Sie bezahlte das Stipendium und wunderte sich nochmals: „Daß der hochwürdige geistliche Herr die Dreckarbeit selbst macht …!“

„Ach, was ist da schon dabei!“

„I denk halt – nix für unguat, Hochwürden! –, wenn einer zum Altare Gottes berufen is …“

„Liebe Frau!“ fiel der Pfarrer in die Pause ihres stockenden Geredes ein und lächelte dabei schroff. „Ist der Saustall da drinnen, im Herzen vieler Menschen, nit viel schlimmer? Die Leut haben gar keine Ahnung nit, mit wieviel Dreck unsereiner es da z' tun hat!“

Um ein Stück Brot

So ungewöhnlich diese Erntegabe war, so einzigartig war ihre Sinntiefe: ein Stück Brot in einem Weidenkörbchen.

Der Herr Kaplan hatte auch unsere Klasse dazu eingeladen, für den Erntedankgottesdienst am folgenden Sonntag unsere üblichen Erntegaben mitzubringen. Und so traten wir dann vom Schulhof aus mit unseren Mitbringsel von Feld und Garten zum festlichen Einzug in die Kirche an: Wir Buben hatten unsere schlichten Kreuzlein mit Maiskolben und Äpfeln, Weintrauben und Kastanien, Nüssen und Bohnenketten geschmückt, die Mädchen hatten diese Früchte des Herbstes sorgsam in kleine Stroh- und Weidenkörbchen gelegt.

Nur eines der Mädchen, das Töchterchen eines Straßenarbeiters, hatte lediglich ein Stück Brot darin. Die Familie wohnte in einem alten Mühlenhaus und hatte nicht einmal einen eigenen Garten, der ihr Ernteglück geschenkt hätte. So hatte das Kind also ein Stück vom Brot genommen, das die Mutter aus Roggen- und Maismehl gebacken hatte. Im Haus hatten sie gewiß nie genug davon, dieses Stücklein war daher eine aufrichtigere Dankes- und Liebesgabe als all unsere schönsten Früchte, indes, wir Mitschüler hatten keinen Sinn dafür und fanden bloß spöttelnde Worte.

Nur ein Stück Brot …

Erst lange hinterher kamen in mir die Gedanken auf, was damals – Anfang der fünfziger Jahre – in Wahrheit

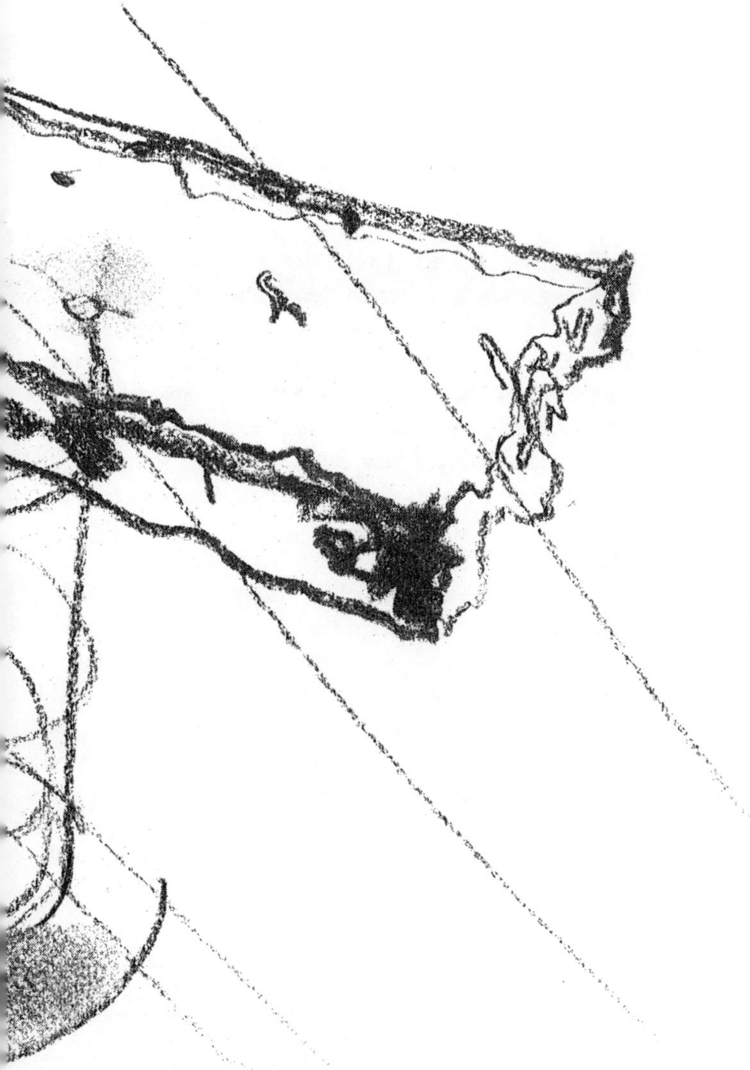

auch für mich ein Stück Brot bedeutete. Für ein Stück Brot gab ich meinen Klassenkameraden meine schönsten Zeichnungen. Um ein Stück Brot machte ich in Khünegg alle Boten- und Einkaufsgänge. Um ein Stück Brot zeigte ich sogar, daß ich bei jeder Arbeit zupacken konnte. Und wenn ich auch keine Gegenleistung anzubieten hatte, wenigstens im Augenblick nicht, aber wenn eine Hausmutter mich einlud: „Komm, da hast a Stückl Brot“, dann glaubte ich wenigstens zu fühlen, was rechte Herzensgüte ist.

So hatte ich im Laufe der Zeit auch gelernt, in Khünegg zwischen verschiedenen Broten zu unterscheiden, wobei ich in lustvollen Gesprächen und heiteren Gedanken die Vulgonamen für die ehrenvollen Benennungen zu Hilfe nahm. Das Schober-Brot war immer flaumig-frisch, weil stets viele fremde Leute auf dem Hof waren. Das Binder-Brot war hingegen trocken, weil alleweil für einen längeren Vorrat gebacken wurde, aber es war etwas zum kräftigen Zubeißen. Das Holzer-Brot war besonders hell und duftete nach Anis. Das Gregl-Brot werde nach einem Geheimrezept zubereitet, hieß es, und war für mich allein schon deshalb eine aufregende Köstlichkeit. Und wie schmeckte das Brot in der eigenen Tischlade? Ich weiß nur noch, das fremde schmeckte besser, und das eigene war immer zu knapp.

An jenem Erntedanksonntag stellte übrigens das Töchterchen des Straßenarbeiters ein leeres Körbchen auf den Seitenaltar, wo alle Erntegaben abgelegt wurden. Wir bemerkten das und meinten mit leisen Selbstbezichtigungen, sie habe in ihrer Kränkung das Brot weggeworfen.

Auf dem Heimweg gesellte ich mich einem Buben zu, dessen Vater Taglöhner war. Während unseres ziemlich schweigsamen Gehens schob er fortwährend etwas in den Mund, was er aus der Rocktasche holte. „Was hast 'n da?" fragte ich schließlich, ein wenig schamhaft, ein wenig keck. Das Mädchen habe ihm aus dem Körbchen heraus das Stücklein Brot zugesteckt, verriet er mir. „Magst auch was davon?" Ich nickte schnell.

Rückkehr der Seelen

Geplagte, verbitterte Menschen pflegen auch heute noch in Augenblicken tiefster Trostlosigkeit zu seufzen: „Erst am Freidhof werd i mei Ruah haben."

Jedenfalls treffen sie es mit ihrem „Freidhof" ganz richtig. Denn sie meinen nicht einen Hof der Freuden und eigentlich auch nicht des Friedens, sondern der Freiheit, wie es das Wort in seinem Ursprung meint: frei sein von der irdischen Last.

Freilich, wenn darüber hinaus auch das „kühle Grab" viel besungen wird, so war andererseits im Volksglauben auch immer die angstmachende wild ausgemalte Vorstellung von einem Fegefeuer, in dem die Seelen bis zur endgültigen Läuterung grausam gemartert werden. Dann, erst dann tut sich die ewige Freiheit auf.

Von woher man über diese Marter Bescheid weiß? Unzählige Geschichten wurden überliefert, in denen sich eine noch ruhelose Seele „angemeldet" hat, und wer sie erzählte und weitererzählte, tat dies mit einer Ernsthaftigkeit, die jeden leisen Zweifel als sündhaften Frevel verurteilte. Das „Anmelden" der Geister erfolgte in allerlei Ausdrucksformen, deren gemeinsame Botschaft jedenfalls war, daß sie noch Schreckliches zu erleiden hatten. Manche machten sich bloß durch geheimnisvolles Klopfen bei Nacht bemerkbar. Andere durch Kratzen an der Wand, das freilich keine Spuren hinterließ, oder durch jämmerliches Klagen. Und manche Leute behaupteten seit jeher, daß ihnen viele Jahre vorher verstorbene Angehörige erschienen seien – stumm, aber mit einem todtraurigen Antlitz, welches offenbaren sollte, daß sie in der Pein des Fegefeuers noch immer auf Erlösung harren.

Und doch mußte es sich bei all diesen Erscheinungen um begnadete arme Seelen handeln, denen die ewige Barmherzigkeit auch unterm Jahr die Rückkehr gestattete. Denn auch im Volksglauben ist das Verlassen des jenseitigen Ortes der Buße und der Reinigung nicht der „Normalfall". Lediglich vom Abend des Allerheiligentages bis zum Abend des Allerseelentages dürfen alle armen Seelen das peinigende Fegefeuer verlassen und in die irdische Heimat zurückkehren. Doch dieser „Urlaub" ist für sie auch eine große Chance: Wird für sie in dieser kurzen Zeit die Erlösung erbetet, dann bleibt ihnen der abermalige Weg in die qualvoll reinigenden Flammen erspart. So werden auch heute noch überall an diesen Abenden jeweils eine Stunde lang die Glocken geläutet, zuerst ist es das „Ausläuten", dann das „Einläuten". Früher hatten sich dazu in allen Dörfern die Leute in den Kapellen und Kirchen eingefunden, um rosenkranzbetend die Erlösung ihrer Verstorbenen zu erflehen. Gerade dieses zweite abendliche Gebet hatte für mich als Kind allemal eine eigenartige Dramatik erlangt: Ich dachte an die mir bekannten Toten aus der Verwandtschaft und Nachbarschaft – wird ihnen diese zweite Rosenkranzstunde die Tür zum Himmel erschließen? Aber inniger kann die Verbundenheit mit den Verstorbenen wohl nicht sein.

In diesem Geiste werden zu Allerheiligen und Allerseelen auch die Gräber nahezu in Blumenbeete verwandelt. „Wenn jetzt die Seelen der Abgestorbenen auf die Erde zurückkehren, dann sollen sie sehen, daß man auf sie nicht vergessen hat", erzählte mir die Witwe nach einem Dorfschullehrer, die auf dem Friedhof durch die Grabreihen wanderte.

Zuweilen deckt das üppige Blumengeschäum freilich auch schweres, kaltes Gestein zu, welches ansonsten in seiner schmucklosen, toten Nacktheit offenbar nicht den Gedanken aufkommen lassen soll, daß der Mensch von der Erde genommen ist und daß er zu ihr zurückkehren muß.

Ein alter Pfarrer fand für die „versteinerten Grabhügel“ einmal heiter-bissige Worte: Man wünsche den lieben Toten immer wieder, daß ihnen die Erde leicht sein möge – und lege dann schwere Steine darüber …

Eisenteig und Stahlnudeln

Die eisenfertigende Arbeit in Donawitz hatte nach und nach immer mehr Menschen aus einem zunehmend weiteren Umkreis angelockt. Vor allem Männer aus der Landwirtschaft, welche dieser den Rücken kehrten, aber hartes Zupacken gewöhnt waren, fanden in den Hochöfenbetrieben rasch Aufnahme. In den fünfziger Jahren drang sogar bis zu uns ins Südoststeirische die Kunde von der Schwerarbeit, bei der man auch schwer verdiene.

Ich war gerade sechzehn und half in der Nachbarschaft als „Zuaroacher" (Handlanger) beim Neubau eines Stallgebäudes, als mir ein älterer Arbeitskollege an der Mischmaschine mit folgenden Worten den rechten Weg in die Berufswelt weisen wollte: „Daheim auf da Keuschn kannst di nur schindn und hast zletzt an Dreck. Wennst ins Tagwerk gehst, kannst a nix wia schindn, aber nachher hast wenigstns a paar Schilling. Auf die Dauer is das halt nix. Z' Leoben, da muaßt di um a Arbeit umschaun! Nachher bist a gmachter Mann!" Warum er sich denn nicht um eine solche umgeschaut habe, wandte ich ein. Schließlich hatte auch er daheim bloß eine kleine Landwirtschaft und verdiente sich das fehlende Bargeld als Taglöhner. „I bin schon z' alt, mei liaba Bua", rechtfertigte er sich. „Aber du ..."

Anlaß zu so prallen Vorstellungen gab vor allem einer aus unserer Gegend, der bereits seit etlichen Jahren zu den Hochöfen im Oberland pendelte. Wenn er – ich nenne ihn hier Bucher – zu seinem winzigen, jedoch ordentlich herausgeputzten Hof heimkehrte, dann griff er dort bei der Arbeit nicht viel an. Um das Nötigste in Feld und Stall kümmerte sich seine Frau, er selber saß oft in den Wirtshäusern und ließ es sich ohne Zurückhaltung anmerken, daß er mehr Geld in der Tasche hatte als alle anderen zusammen.

Daß er aber, was die Arbeit anging, früher auf seinem Hof ein leichtes Tun und vor allem eine uneingeschränkte Freiheit gehabt hatte, jetzt aber in langen Stunden, eingezwängt in einen unbarmherzigen Produktionsrhythmus, hart anpacken mußte, das vermochten seine Zuhörer eher nur zu erraten, wenn sie dazu überhaupt eine Neigung verspürten. Denn der Bucher hatte wohl eine „guate Goschn“, wie die Leute sagten, doch er erzählte von seiner Arbeitswelt lauter wunderliche Sachen und kaum vorstellbare Geschehnisse, die in gleicher Weise Staunen und Unglauben hervorriefen. Und wenn er am Wirtshaustisch noch eine Runde zahlte, dann hieß es: „Hiatz, Bucher, erzähl noch an Dona-Witz!“ Und er erzählte vom Eisenteig, der aus dem Gestein vom Erzberg in riesigen Behältnissen angerührt werde, bei höllischer Hitze, und wie daraus gleich Stahlnudeln Traversen, Rohre, Band- und Stangeneisen entstünden. Die Maschinen seien so hoch wie im Ort der Kirchturm, und die Dorfschmiede fände in der Aschenlade von einem Hochofen Platz.

Einmal unternahmen wir von der Landjugend aus eine Lehrfahrt nach Donawitz, um die uns fremde Arbeitswelt kennenzulernen. „Fragst nach mir, i zeig dir nachher allerhand“, lud mich der Bucher großmaulerisch ein, als ich ihm davon erzählte. „Weil d' Inschenöre führn gar nit überall hin. Aber Hosnscheißa derfst freili keiner sein!“ Ich empfand Respekt vor ihm und Dankbarkeit zugleich.

Dann kam ich jedoch gar nicht dazu, nach ihm zu fragen: Als wir uns auf dem Werksgelände unter praller Sonne einen Einführungsvortrag anhören mußten, wurde mir plötzlich übel, und ich sank zusammen. Als ich wieder klar denken konnte, fand ich mich in einer Betriebskantine, wo ich auf meine Leute wartete, die schon bei der Führung waren. Währenddessen erfand ich eine scherzhafte, vielleicht sogar zutreffende Erklärung für mein Übelwerden: „I bin halt nur unsere Landluft gwöhnt.“

Der Bucher aber, der, wie er später aussagte, auf mich gewartet hatte, sah es anders: „Ganz recht, daß dir beim Hörn schon ’s Sehn vergangen is! Weil was i dir alles zum Zeign ghabt hätt, da hätt dich gwiß da Schlag ’troffen!“

Der Wilderer vom Schildhof

Als Bub wurde mir mit schauerlichen Ausschmückungen erzählt, unterm Kapuzinerwald, der sich von unserem Hügelzug gegen Süden ins Murtal hinein absenkt, sei vor langer, langer Zeit ein Jäger von einem Wilderer, den jener in seinem Revier gestellt habe, erschossen worden. Diese Darstellung stimmte genau überein mit jener, die mir in unzähligen finsteren Wilderergeschichten und lust- und schmerzdurchwobenen Heimatfilmen begegnete: Hier der verwegene und vor keiner Untat zurückschrekkende Wilddieb, dort der pflichtbewußte, tapfere Jägersmann, der in der grünen Waldeseinsamkeit sein Leben lassen muß.

Viele Jahre später stieß ich in dem zu Ratschendorf gehörenden Ortsteil Schildhof zufällig auf jene Stelle, an der vor langer, langer Zeit das Verbrechen geschehen war. Es ist eine schmale Wiesenzunge mit einem kleinen Bachgerinne darauf, die sich in den Wald hineinschiebt, und der die hingestreckte Blöße beinahe umschließende Wald steigt zum Himmel auf, so daß der Blick nur gegen Südosten hin einen Durchlaß in die Weite hat, und von dort weht der Wind zuweilen Verkehrsgebrumme herein. Auf der Wiese, doch schon dicht unter den Waldbäumen, steht ein einfaches, kleines Holzkreuz, auf dem die erneuerte Aufschrift zu lesen steht: „Hier wurde Josef Moder 1919 von einem Jäger erschossen."

Ein Jäger hatte also geschossen – der Wilderer war gefallen …

Nach jener Entdeckung wanderten meine Gedanken oftmals in die Schildhof-Abgeschiedenheit mit dem Kreuzchen als Mittelpunkt. Hatte der Volksmund in der Überlieferung die tatsächlichen Rollen ganz einfach nach der fixen Zuordnung von Gut und Böse vertauscht? Was war wirklich geschehen?

Nach geraumer Zeit fand ich einen Zeitzeugen, der damals immerhin schon siebzehnjährig gewesen war und der – auch jetzt noch erstaunlich frisch im Geiste – zum besseren Verständnis die „schlimme Zeit“ und die „schrecklichen Zuständ bei uns“ von damals aus der Erinnerung holte. Hunger und Mangel an allem nach dem ersten großen Krieg. Viel wüstes Gesindel aus der Fremde und im eigenen Dorf. Josef Moder stammte zwar aus der Gegend, er führte aber in Baden bei Wien ein Lebensmittelgeschäft und belieferte dieses nicht immer auf geraden Wegen. Er versuchte im Südsteirischen persönlich aufzukaufen, was zu haben war, aber es hatte ohnehin schon der Krieg dazu geführt, daß man mehr abliefern mußte als man entbehren konnte. So war vieles von dem, was in Gosdorf in den Zug in Richtung Wien geladen wurde, Diebsbeute aus den nächtlichen Streifzügen einer ganzen Bande. Und das Wildbret besorgte sich Josef Moder gelegentlich selber.

So wurde er am Abend des 6. August 1919 in Schildhof vom Aufsichtsjäger Josef St. niedergeschossen – vorsätzlich, wie es in der ganzen Gegend hieß. Eine so wirre Zeit, daß man dem Jäger nicht einmal die Notwehr angesichts einer für ihn tödlichen Bedrohung zugestand und in der ein Wilderer sogar zum bedauernswerten Opfer wird? Hat die Volksmeinung in ihrem Gerechtigkeitsempfinden später einen Rollentausch bewirkt? – Der Zeitzeuge hatte von damals auch einen Zeitungsausschnitt aufbewahrt. In diesem verlangt ein Murecker Rechtsanwalt, in dessen Revier der Aufsichtsjäger Josef St. tätig war und in dem sich die Bluttat ereignet hatte, eine presserechtliche Darstellung, wonach St. in Notwehr gehandelt habe. Es gab keine Zeugen, und dieser ging beim Prozeß auch tatsächlich frei, doch die Dorfleute urteilten anders als das Gericht; der Jäger stieß überall auf Argwohn und Verachtung und verschwand bald aus der Gegend.

Was an jenem Abend wirklich geschehen war, blieb und bleibt weiter ein Geheimnis. Und Geheimnisse machen die Phantasie zu einer schöpferischen Kraft. Jenseits von Mutmaßungen und Legenden gilt jedenfalls die Tatsache, daß für den Weiterbestand des einsamen Gedenkkreuzes in Schildhof die örtliche Jägerschaft bis zum heutigen Tag Sorge trägt.

Khünegger TV-Theater

Eigentlich ist das die Geschichte der Entstehung eines Wirtshauses. Sie erzählt vom Werden neuer beruflicher Strukturen im Dorf, aber hintergründig schildert sie den Wandel in den wirtschaftlichen und Unterhaltungsansprüchen auf dem Lande in einer höchst anschaulichen Weise.

Hans war ein weichender Bauernsohn und hatte sich mit dem ausbezahlten Erbteil einen Motormäher gekauft. Vom Mai bis zur Grummetzeit war er damit auf den Wiesen unterwegs und erlöste die alleweil schütterer werdenden Scharen der Sensenmäher von den heute kaum noch vorstellbaren Mühen. Da aber die tägliche Futterbringung auf dem Kleeacker, im Obstgarten oder auf der Hauswiese immer noch viel Plage verursachte und das Geld auch auf den Bauernhöfen reichlicher wurde, ratterten die Motormäher bald zahlreicher, und Hans mußte sich zwischen Mai und der Grummetzeit um eine andere Arbeit umschauen, wie er s' bisher nur zwischen Herbst und Frühjahr hatte tun müssen. Doch da kaufte er sich einen Traktor mit dem gebräuchlichsten dazugehörigen Gerät und wurde Frächter. So ein Dieselroß hatte in den fünfziger und sechziger Jahren im südoststeirischen Hügelland noch Seltenheitswert, und Hans hätte Tag und Nacht unterwegs sein können: Einer wollte etliche Fuhren Schwendholz (im Wald abgestorbenes Holz) heimbringen, ein anderer benötigte dringend einige Säcke Zement, wieder einer hatte Bauholz umgeschnitten, das zur Säge zu bringen war, wieder ein anderer brauchte geschwind eine Fuhre Schotter. Und in den Wochen, in denen das Heu und Getreide einzubringen war, kam er auch tatsächlich nicht zur Ruhe. Auf den morastigen Waldwegen war es mit den überladenen Heuwagen nicht selten eine Wettfahrt mit den schwarzen Wetterwolken. Und in manch mondheller Nacht ließ er auf abschüssigen Äckern den Wagen mit Getreide beladen und brachte die Fuhre heil in die Tenne. Am Morgen, wenn das Heu und die Garben noch taunaß waren, war er als Pflüger unterwegs.

Hans, der Bauernsohn, der nun ein vielbeschäftigter Traktorfrächter war, „erfuhr" sich also ein schönes Geld, und eines Tages erwarb er sich bei uns in Khünegg eine kleine Berglerwirtschaft und machte sich hier mit seiner jungen Frau, die aus unserer Nachbarschaft kam, seßhaft.

Geld schien er alleweil noch genug zu haben. Das äußerte sich dadurch, daß in seinem alten, niederen Häuschen der erste Fernseher in unserer Ortschaft aufflimmerte. Welch Ereignis war das für alle! Bisher hatten wir ein wenig ungläubig den Erzählungen zugehört, daß es so etwas wie ein Radio geben sollte, wo die Leute, die darin singen und reden, auch zu sehen waren. Jetzt konnten wir uns also selbst davon überzeugen. Im Spätherbst hatte er ihn bekommen, gerade zur rechten Zeit, da sich die Außenarbeit zu Ende neigte und die Nächte lang wurden. Und irgendwie waren dergleichen außergewöhnlichen Anschaffungen gleichsam öffentliches Gut, mit dem sich niemand vor den anderen einsperren durfte – sie gaben allen das Recht zum Schauen und Staunen. Und so ein Fernseher verlockte nicht bloß zum einmaligen Bewundern wie ein neues Motorrad, eine neue Kredenz, eine große Dreschmaschine: Er lieferte über den Bildschirm fortgesetzt Neues, Aufregendes, Unterhaltsames.

So wurde dieses schlichte Häuschen, das so Wunderbares beherbergte, plötzlich zum Mittelpunkt unseres Ortes, und an vielen Abenden strömten die Leute in Scharen dorthin, umdrängten in wohliger Wärme den Kasten, der in bläulichen Bildern die bunte, laute, weite Welt in den stummen, lachenden, plärrenden Kreis zauberte. Außergewöhnlich groß war das Gedränge, wenn es sich schon Tage zuvor herumgesprochen hatte, daß ein Bauernstückl geboten werde: Das verhieß allemal ein Gaudium, weil in diesen Schwänken alle viel gescheiter und dümmer, viel verliebter und scheußlicher sein konnten, als es die Zuschauer selbst zu sein vermochten. Und während dieses Vergnügens, in dessen wenigen stillen Augenblicken das Krachen des brennenden Stockholzes im Herd zu hören war, leerte man – selbstverständlich gegen Bezahlung – wenigstens eine Bierkiste, die Hans, der Bauernsohn, der jetzt Traktorfrächter war, immer vorsorglich bereitgestellt hatte. Und weil die Leute für alles das dankbar waren, sagten sie es ohne Bosheit, wohl aber mit einem Hauch von Neid: So sei es halt, wenn jemand Geld habe – er könne das wiederum zu Geld machen und habe nebstbei noch das helle Vergnügen.

War's Zufall oder gaben diese TV-Abende den Anstoß dazu? Junge Leute taten sich zu einer Theatergruppe zusammen, um die ewig wiederkehrenden Bildschirmgeschichten selber einmal auf die Bühne zu bringen. Und wenn sie in die Bauernstückln im Fernsehen auch ganz vernarrt waren, so zogen die Khünegger doch die Bühne vor, wenn's darauf ankam. Dort wurde zwar auch nicht ihre wirkliche Welt gespielt, aber die Spieler entstammten wenigstens ihrer Welt.

Mittlerweile geht keiner mehr des Fernsehers wegen zum Hans, dem Traktorfrächter. Auch der Zuspruch, den er als solcher hatte, schwand zuerst langsam und dann sehr schnell dahin. Zuerst hatten sich die einstigen Ochsenbauern selbst einen Traktor angeschafft, doch schon etliche Jahre später brauchten auch die kleinen Bergler keine fremden Traktorfuhrleute mehr. Das Bier im geselligen Kreis wollte man aber nicht mehr missen, den Reiz des „Umisitzens“ fernab vom häuslichen Most- und Weinkrug. Das TV-Gerät ist aus der Mitte des Halbkreises gerückt und steht unbeachtet in der Ecke einer geräumigen – Wirtsstube. Denn Hans, der Bauernsohn, der sich das Traktorfrächtergewerbe erworben hatte, war Gastwirt geworden.

Stärkende Pferdestärken

Ich kenne einen Bauern, er ist in meinem Alter, der fährt nicht mit seinem Pkw, auch nicht mit der Bahn oder mit einem Bus in seine Bezirkshauptstadt, sondern mit dem Traktor. Er möchte damit nicht protzen – vor wem auch? –, er besaß schließlich auch nie die neueste Ausgabe der stärksten Klasse, er möchte damit sein bäuerliches Selbstbewußtsein ausdrücken. Und gewiß fühlt er sich in einer fremden Umgebung auf seinem täglichen Arbeitsgefährt und -gefährten auch sicherer.

Ist's nicht immer schon so gewesen? Bloß die PS-Anzahl hat sich geändert, vervielfacht. Wobei – ginge es hier darum – einstens zwei mehr zählten als heute hundert.

In unserem Stall daheim standen nur zwei, bestenfalls drei Kühe, die entweder vor einen Fuhrwagen beziehungsweise vor ein Ackergerät gespannt wurden oder die uns mit Milch versorgten (beides zugleich war kaum möglich). Die größeren der Khünegg-Bergler leisteten sich Zugochsen und stiegen damit in der Ansehensstufe zu Ochsenbauern auf; ein Pferd hatte nie einer gehabt. Auf dem bergigen Ackerland und auf den steilen Zufahrten wären starke Rösser zwar ganz nützlich gewesen, aber der Kleinbauer mußte vom Nutzen ein anderes Verständnis haben: Zugkühe brachten auch Kälber, Milch und zu guter Letzt ein Fleisch, für ausgediente Zugochsen zahlte der Viehhändler noch ein schönes Geld, waren sie nicht restlos hingeschunden; so ein Roß hingegen fraß die

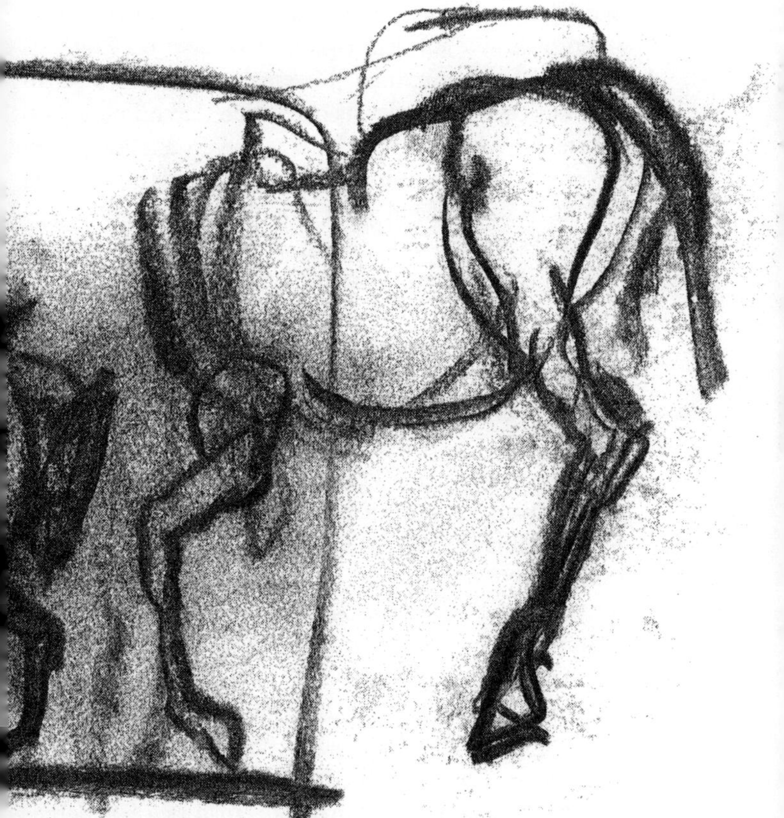

halbe Zeit umsonst, und am Ende wollte der Schlächter dafür nichts geben.

Die Roßbauern – eine Bezeichnung, die gleichermaßen das Ansehen sicherte und Respekt gebot – waren unten in der Ebene. Sie waren mit guten Flächen ausgestattet und mußten nicht derartige Überlegungen anstellen. Doch es gab auch bei ihnen Unterscheidungen: Ein Paar Ackergäule hatte jeder, manche hatten aber auch zwei Paare, das waren die großen Roßbauern. Diese waren nicht nur auf dem eigenen Hof „gut bei Zug", sie „erfuhren" sich mit ihren Rössern in der Nachbarschaft auch die Taglöhner oder machten sich durch Fuhrwerksdienste ein schönes Geld. Und selbstverständlich fuhren sie mit ihren schweren Ackergäulen, welche vor ein leichtes Kaleschwagerl oder vor einen klobigen Fuhrwagen gespannt wurden, auch in die Bezirkshauptstadt: zum Notar und zum Gericht, zum Jahrmarkt und zum Gerber. Damit zeigten sie, daß sie sich von den Dienstboten und Kleinkeuschlern, die zu Fuß zu wandern hatten, sowie von den noblen Leuten, welche mit zierlichen Pferdchen ausfuhren, klar erkennbar unterscheiden wollten.

Der sonntägliche Weg zur Kirche hingegen wurde grundsätzlich zu Fuß genommen – wo hätte man die Gäule während der Messe und der anschließenden Stunde im Wirtshaus auch versorgen sollen? Als dann die wenigen PS aus den Stallungen, die nicht selten in geräumige Garagen umgebaut wurden, weichen mußten und Traktoren mit wenigstens zwei, drei Dutzend PS unter der Motorhaube auf dem Hof Einzug hielten, da erkannte man alsogleich auch diesen Vorzug solcher Dieselrösser: daß sie geduldig und friedlich stehen blieben, wo man sie abgestellt hatte, bis man sie ohne deftige

Zurufe in Gang setzte. Das „bäuerliche Kirchengehn" erfolgte sodann oftmals mittels Traktoren, auch wenn zu Hause bereits ein Pkw stand, der damals einen vielsagenden Namen führte: „Luxusauto".

Unlängst traf ich den eingangs erwähnten Bauern in seiner Bezirkshauptstadt. Er war ohne Traktor unterwegs und schien merkbar verändert. Das Selbstbewußtsein, das ihm sonst in einer unverwechselbaren Weise eigen war, vermißte ich; sein Reden war unsicher.

„A bekanntes Gsicht in der Fremd z' treffen!" grüßte er mich, sichtlich erfreut.

„Komm, gemma auf ein Bier", lud ich ihn ein.

„I woaß da kein Wirtshaus nit", sagte er.

Wir fanden bald eines. Und vor sich ein Krügel Bier, erzählte er, daß er seinen Traktor in die Werkstatt hatte bringen müssen.

Dort war zurückgeblieben, was ihn aus seiner vertrauten Welt begleitet hatte. Und damit auch ein Gutteil von dem, was sein Selbstbewußtsein trug.

Von unschuldigen Kindern

Was wäre für uns Buben der weihnachtliche Festeskreis ohne den Unschuldigen-Kinder-Tag gewesen! Freilich war das eine unverschämt weltliche Glückseligkeit, die wir empfanden. Denn wenn wir mit den gelben Weidenruten glückwunschschlagend und mit frommem Glanz auf den frostgeröteten Gesichtern von Haus zu Haus zogen, vermochten wir gewiß herzdurchströmend dieses Sprüchlein sagen:

„Frisch und gsund, frisch und gsund,
's ganze Jahr rund und gsund!
Lang lebn,
gern gebn,
glückselig sterbn,
's Christkindl am Hochaltar,
das wünsch ma euch zum neuen Jahr!
's neue Jahr is no nit gnua –
's Himmelreich ghört a dazua!"

Aber der Glanz der Bubenaugen war nur in der Erwartung klingender Münzen richtig hell. Die ursprünglichen Gaben – Dörrfrüchte, Äpfel und Nüsse, deretwegen wir in Khünegg schließlich auch noch die deftige Bezeichnung „Nußnschnalzer" führten – wurden sogar verschmäht. Nahm jemand süße Kekse vom Christbaum und steckte sie in unsere übergroßen Manteltaschen, dann war das zwar auch ein leckerer Lohn für unser Wünschen, aber ein ganz richtiger war er nicht. Ein richtiger war beständiger als Naschereien, und vom „Nußnschnalzer-Geld“ zehrten wir wenigstens bis in den Frühsommer, wo wir die ersten Schwämme zum Verkaufen fanden. Die einzige Entschuldigung für unsere unfromme Gier zur Weihnachtszeit konnte nicht unserem damaligen Wissensschatz entspringen: Der Brauch rührt eigentlich gar nicht vom bethlehemitischen Kindesmord, sondern von einer alten Zauberformel her.

Und gar so unschuldsvoll waren wir auch nicht, wie ich heute gerne gestehe, daß jegliches Treiben von uns diesen Tag mit hehrer Frömmigkeit erfüllt hätte.

Unter Berufung auf die von Herodes begangenen Gräßlichkeiten achteten wir Buben grundsätzlich darauf, daß nicht auch Mädchen in den Genuß des Brauches, der an diesem einen Tag an die Hinschlachtung von Knaben erinnern sollte, kamen. Und seit jeher war es eine „abgmachte Sach“, daß sich die Buben bei den bereits am frühen Morgen beginnenden Streifzügen – die Bezeichnung „Beutezüge“ träfe doch nicht ganz zu und ist daher als ungerechtfertigt zurückzuweisen – nur innerhalb ihrer Ortschaften bewegten. Freilich vermochte man nicht immer der Verlockung zu widerstehen, kleine Grenzüberschreitungen zu wagen, vor allem dann, wenn man in einem Haus von „drüben“ splendable Leute wußte, und den ausgeschmücktesten Erzählungen nach waren diese halt meist außerhalb des eigenen Bereiches. Und manche Gehöfte waren ja auch, alle für kommende Zeiten absehbaren Unklarheiten und damit verbundenen Streitigkeiten mißachtend, so hingebaut, daß eine Grenzziehung immer eine willkürliche bleiben mußte.

So ging ich allemal auch zum vulgo Meichner, der sich unmittelbar jenseits eines von einer Weinhecke abgeschirmten Weges befand, welcher Khünegg als mein „Revier" gemeindeamtlich von der benachbarten Streusiedlung Niederberg abgrenzte. Mit allem Vorsichtsaufgebot und mancher List gelang es mir zwar immer, meinem dort zuständigen Schulkameraden nie in die Quere zu kommen, aber trotzdem blieben ihm meine buchstäblichen Vergehen nicht verborgen. Und mir konnte es nicht verheimlicht werden, daß er alljährlich mit langer Rute und großen Gabenerwartungen zum vulgo Krottmoar wanderte, dessen Gehöft sich aber eindeutig auf Khünegger Gebiet befand.

Die Grenzüberschreitung erfolgte also auf beiden Seiten, wohl unter gegenseitiger Mißbilligung, allerdings ohne Beweismittel.

Wir machten einander in dieser Angelegenheit auch nie Vorhaltungen, und mein Schulfreund schien es mit mir sogar gut zu meinen, da er mir einmal kurz vor Weihnachten anvertraute: „Woaßt du's schon? Beim Meichner ham s' hiatz an schwoarzn Hund, an ganz wilden."

Im Augenblick wußte ich nur, daß ihm meine unsägliche Angst vor Hunden aller Art bekannt war, und ich log auch gar nicht, daß ich keine Angst hätte, ich versicherte bloß scheinheilig, daß mir das völlig gleichgültig sei. In Wahrheit war mir das gar nicht gleichgültig, was jedoch meine Phantasie in unsagbarer Weise anregte. Und schon nach kurzer Weile verriet ich ihm, wobei ich sehr geheimnisvoll tat: „Der Krottmoar hat hiatz an Knecht – hast schon ghört davon? –, der tut olln Buam, wie er s' dawischt, Kuhdreck ins Gsicht schmiern."

Im Augenblick war meinem Schulfreund nicht anzumerken, daß ich ihn damit in Verlegenheit gebracht oder in ihm den Vorsatz erweckt hätte, diesmal den Grenzübertritt zu meiden. Aber als wir um Neujahr herum einmal zusammenkamen, klärte er mich bissig auf: „Dem Krottmoar sein Knecht tut den Buam gar nit Kuhdreck ins Gsicht schmiern!"

Damit hatte er freilich verraten, daß er mir abermals „ins Gäu" (eine Art Schutzgebiet) gegangen war.

Ich war wütend, und ich mußte es ihm ganz schnell zurückgeben.

„Und der Meichner hat gar koan schwoarzn Hund, der ganz wild is!" erwiderte ich kindlich triumphierend. Aber ganz sicher war ich mir dabei nicht, denn ich hatte mich am Unschuldigen-Kinder-Tag nicht hingetraut.

Die Korbmacher-Saga

Als ich einmal an einem frostig-trüben Winternachmittag von der Schule heimkam, fand ich meinen Vater in der Stube untätig zwischen geweichtem Schabstroh, gehobelten Weidenruten und einem angefangenen Strohkorb sitzend, das Mittagsschläfchen schien eben erst von ihm gewichen zu sein, und mürrisch und kein Zurückfragen duldend ging er mich an: „Guat, daß d' endlich da bist, Bua! Schau, daß d' glei wo a Kernöl kriagst!"

Mein Staunen über sein barsches Anschaffen war umso größer, als drüben auf dem Tisch eine kleine Schüssel Bohnen auf mich wartete, die mit Ripsöl abgemacht war, zumal wir mit dem Öl aus der eigenen, bescheidenen Kürbisernte sparsam umgehen mußten, und jetzt verlange mein Vater nach einem Kernöl!

Also warf ich meinen Schulzögga (Tasche) auf die Bank, ging gleich zum nächsten Nachbarn, sagte dort, wir möchten ein bißchen Kernöl „z' Leich" (zum Leihen) haben, bekam auch ein Mariazeller Häferl voll und ging damit behutsam heim. Jetzt war mein Vater aber auch noch erbost: „Damit kann i ja nit Korb nahn, du Heuochs!" sagte er zornig. „A Kernöl brauch i, a Kernöl! Meins hab i irgendwo verschmißn."

Jetzt begriff ich's: Von einer Korbahle war die Rede!

Dieses Mißverständnis macht aber gewiß eine kurze Erklärung nötig: Im mundartlichen Sprachgebrauch war aus dieser Bezeichnung ganz einfach ein „Kör(b)öhl" und schließlich ein „Kernöl" geworden.

Mein Vater fand damals seine eigene Korbahle wieder, und ich begriff erst später, warum er gar so mürrisch gewesen war: Nicht weil er durch den Verlust dieses eigenen, einzigen und unersetzbaren Werkzeuges zum Strohkorbnähen als Korbmacher hilflos gewesen wäre, sondern weil es für ihn zwar ein kleines, aber altes und daher kostbares Familienstück darstellte.

Sein Vater war von jung auf und bis zur Heirat Roßknecht gewesen, so hatte er die Kunst des Strohkörbenähens, die man sich sonst schon in jungen Jahren während der langen Winterszeit angeeignet hatte, nie beherrscht. Dafür hatte seine Frau die Tradition des Korbmachens fortgeführt, weil sie das einzige Kind gewesen war, und sie verstand alles in Vollendung herzustellen, vom zierlichen Nähkorb angefangen bis zum bauchigen Schüttkorb. Und ihr Vater war Strohdachdecker gewesen, der sich im Winter, wenn der Schnee die Dächer verhüllte, mit dem Korbmachen ein Geld verdient hatte – eben mit dieser Ahle. Aber wenn gegen das Frühjahr hin der Schnee weggeronnen sei, wurde erzählt, dann habe er dieses Werkzeug auf den rußigen Trambaum gesteckt, habe die Firstleiter auf die Schulter gehängt, das Deckbrett unter den Arm geklemmt und sei hingegangen zu den Gehöften, wo die Strohdächer durch Sturm und Schnee Schaden genommen hatten.

Die Ahle hat durch Generationen bis heute ihren Platz auf dem Trambaum behalten. Auch ich hatte sie oftmals heruntergeholt, um das Geschäft des Strohkorbnähens zu erlernen, um mich zuerst an den gelungenen Arbeiten zu erfreuen und um schließlich für die langwierigen, schlecht entlohnten Mühen nicht mehr die nötige Geduld aufzubringen. In einem Winter hatte mein Vater mit seinen alterssteifen Fingern nur noch einen

Korb zuwege gebracht, trotzdem sagte er, als er gegen das Frühjahr hin die Korbahle zwischen Trambaum und Decke schob: „Bis aufs Joahr, wenn i halt no leb.“ Aber er erlebte es nicht mehr; ein Kränzlein gehobelter Weiden und ein Schüppel Schabstroh auf dem Dachboden zeugen noch von seinem ernsthaften Willen. Und wenn ich heute das bei Millionen Stichen stumpf gewordene Werkzeug mit dem wurmstichigen, runden und glatten Griff aus Birnbaumholz betrachte, überkommt mich ein wundersamer Schauer – und freilich auch die Erinnerung an die Geschichte mit dem Kernöl, das ich in einem Mariazeller Häferl meinem Vater zum Korbmachen brachte.

Um einen Katzensprung

Oh, wie ordinär! Welch primitive Ausdrucksweise! Unverschämt ist das – in einem Lokal!

Die fremde, feine Gesellschaft am Tisch des Dorfgasthauses, die ihren Ausflug für eine kleine Stärkung unterbrochen hatte, entrüstete sich, als einer von der gegenüberliegenden Autobushaltestelle her in die Wirtsstube kam und seinen Ärger unverblümt ausdrückte: „Ums Arschlecken hab i den Bus versäumt!"

Indes, der gute Mann hatte sich gar nicht wegen seines Unwillens des als ungehörig derb empfundenen Wortes bedient, sondern nur eine jener seltsamen Maßeinheiten verwendet, die in vielen Generationen geprägt worden sind und die sich bis heute auf dem Land erhalten haben. Sie sind nicht immer eindeutig erklärbar, alleweil weiß man aber, wie sie gemeint sind.

Millimeter, Zentimeter und Meter als Längenmaße finden auch heute überwiegend nur im handwerklichen Bereich ihren Gebrauch. Im Alltagsgerede spricht man ansonsten von „spannlang" und „handbreit", von „schrittlang" und „um einen Katzensprung" („auf einen Katzensprung" ist hingegen eine ganz kurze Zeiteinheit: „Komm auf'n kurzn Katzensprung zu uns"). Die „Präzisionslängenmaße" sind das bekannte „Alzerl", „aufs Haar genau" oder „haarscharf" und das schon erwähnte „Arschlecken". Doch im erzählten Fall wurde auch dieses als „Zeitmaß" verwendet, als welches es für Sekunde, Minute, Tag und sogar Monate gilt, je nach Zeitsicht.

Exakte Zeitangaben gibt es in den Alltagsgesprächen eigenartigerweise auch heute selten: eine sonst eher unübliche Pflege von Eigenheiten aus einer Epoche, in welcher die Leute in der Mehrzahl entweder keine Uhr besaßen oder sie nicht abzulesen vermochten. So sind die Zeitangaben ebenso großzügig wie zahlreich. Einige der besonders gebräuchlichen: „zum Aufstehn“, „zur Jausenzeit“, „zum Zwölfeläutn“, „zum Betläutn“, „zum Schlafengehn“; mittlerweile können auch schon bestimmte, immer wiederkehrende Fernsehsendungen konkrete Tageszeitangaben ersetzen.

Einstens gab es offizielle Raummaße, die für jedermann gut vorstellbar waren: ein Startin, ein Eimer, ein Schaff, ein Metzen, ein Sechter, ein Kanndl. Trotzdem eigneten sich diese besser für den geschäftlichen Bereich, weniger für den Alltagsgebrauch. Nicht zuletzt wohl auch deshalb, weil sie gegendweise für ganz verschiedene Mengen anerkannte Gültigkeit hatten. Da waren diese Mengenangaben, die sich bis in unsere Tage erhalten haben, noch weit zuverlässiger: „a Handvoll“, „a Fürta (Fürtuch, Schürze) voll“, „a Korb voll“, „a Kraxn voll“, „a Sack voll“, „a Truchn voll“. Und nur in hochgestochenen Fachgesprächen wird ein Bauer die Ernte von Acker und Wiese in Tonnen angeben, ansonsten mißt er seine Fechsung in „Anhänger voll“. Ein Schweinemäster läßt sich seinen Erlös zwar nach Kilogramm verrechnen, die Mengen, die er verkauft, gibt er jedoch nicht einmal mehr in Stücken an, sondern in „Partien“ oder „Lastwagen voll“.

Im Volksmund haben sich überdies auch Mengenangaben herausgebildet, für die alle amtlichen Maßeinheiten der Vergangenheit und Gegenwart zusammengenommen nicht ausreichen. Ich weiß nicht, wie man das umschreiben könnte: „a Lackerl Milch“, „a Noagerl Most“, „a Maulvoll Brot“, „a Patzerl Schmalz“, „a Pingerl Mehl“, „a Schüppel Heu“.

Und selbstverständlich werden die Tages- und Nachttemperaturen nicht wortdürr nach Graden festgestellt, sondern es gibt auch dafür ganze Sprachbilder: Zwischen „heut hat's a Hunds-Hitz“ und „heut is's saukalt“ heißt's: „Heut paßt's grad.“ Der Abend kann ganz „lawerlt“ (lau) sein, die Nacht „bacherlwarm“ und der Morgen voller „Gfried“ (Gefrier, Frost).

Bei all diesen wunderlichen Meßbegriffen handelt es sich bloß um wenige Beispiele, die nachweisen wollen, daß sich die Menschen – nicht nur auf dem Land – über bestimmte Normen mit ganz eigenen Worten hinwegsetzen wollen. Den ganzen Schatz an vielfach köstlichen Begriffen und Aussprüchen hier anzuführen, dafür ist selbst in diesem Buch um „a Hauseck z'weng Platz“. Vielleicht weiß jeder selber noch „an ganzn Zögga voll“ davon.

Von unten und von oben

Diese kleine Geschichte erzählt vom Salbinger Rudi, der als Kind armer Leute im finsteren Nebengebäude eines Dorfschmiedes aufwuchs und emporstieg in die Helligkeit früher und vom Leben noch unbelasteter Träume. Sein Vater war kriegsversehrt, hatte eine kleine Rente und züchtete in Holzkisten unterm Vordach eines Schuppens Stallhasen; die Mutter ging ins Postamt aufräumen und durfte im großen Schmiedgarten ein paar Beete bepflanzen. Der Bub half beim Hasenfüttern und Jäten im Garten, und in den freien Stunden lief er zurück zum Bach, der hinterm Dorf das Wiesen- und Ackerland durchschlängelte, versuchte, Fische zu angeln, jagte den blauen Libellen und weißen Schmetterlingen nach, kraxelte auf die Erlen und Weidenbäume, in deren Geäst die Elstern und Tauben ihre Nester hatten, und wenn er müde war, fiel er in die Liegestatt des Wiesenbodens und schaute hinauf zu den dahinfahrenden Wolken. Immer wieder sank dann sein Blick aber nieder zum Grafen, der sein Anwesen auf dem mit Gärten bewachsenen Hang gleich unterm Himmel hatte.

Nein, der Besitzer dieses die ganze Tallandschaft prägenden Gehöftes war kein Graf, aber der Bauer mit diesem Vulgonamen kam ziemlich an einen solchen heran, was Wohlhabenheit und Ansehen anging. Wenn der Salbinger Rudi von reichen, mächtigen Leuten las oder wenn er über solche reden hörte, dann dachte er allemal an den Grafen; und wenn er zu diesem hinaufschaute, dann träumte er von Reichtum und Mächtigsein, und es machte ihn immerfort Freude, hinaufzuschauen.

Doch der Blick über die wehenden Gräser hinweg ging auch in die unheile Welt der ersten zweifelnden Fragen, die sich immer darum bewegten: Warum ist es so, daß die einen Menschen alleweil von unten hinaufschauen müssen? Warum ist es so, daß die anderen alleweil oben sind? – Mit zunehmenden Jahren verloren die kindlichen Fragen an Heftigkeit und Beständigkeit, doch das Bittere an ihnen blieb.

Weil er fleißig und kräftig war, wollte ihn der Schmied gleich nach der Schule am Amboß haben. Das war überdies auch ganz nach dem Sinn seines Vaters, und so blieb der Salbinger Rudi dort eine Weile. Aber an das Geschelte des Meisters, das er immer gehaßt hatte, und an das Geklirre konnte er sich nicht gewöhnen. Als es einmal hieß, beim Grafen oben werde ein junger Knecht gesucht, da ging er dem Schmiedemeister davon, meldete sich beim Bauern und blieb bei ihm. Eigentlich hatte er einmal vorgehabt, Briefträger zu werden, weil es sein Vater vor dem Krieg auch gewesen war und dieser alleweil so spaßige Geschichten von seinen Dienstgängen erzählt hatte, und ein Studierter hatte er auch werden wollen, ein Ingenieur vielleicht oder ein Schulinspektor oder wenigstens ein Geometer, indes: beim Grafen oben arbeiten zu dürfen und rasch ein Geld zu verdienen, das war nicht nur tröstlicher Ersatz, das ging sogar allemal vor.

Einmal ein wenig oben sein, wenngleich auch nur als Knecht dessen, der unanfechtbar oben war …

Der Rudi war trotz seiner jungen Jahre hartes Anpacken schon gewöhnt, er griff zu wie ein Erwachsener, besuchte an den langen Winterabenden Kurse, um selber vom Wirtschaften mehr zu verstehen, und nach und nach setzte sich in ihm das Gefühl fest, daß er auf dem Hof nicht mehr entbehrlich war. Schließlich hatten sich auch die beiden älteren Knechte, die bereits vor ihm beim Grafen gewesen waren, davonbegeben; der eine war Bauarbeiter geworden, der andere war beim Militär geblieben. Sie wurden nicht ersetzt. Einerseits wollte niemand mehr Knecht werden, nicht einmal oben beim Grafen. Andererseits hatte dieser mittlerweile einen Traktor gekauft und allerlei Geräte, welche fremde Leute am Hof entbehrlich machten. Eine alte Magd war noch da, die im Haus und im Rinder- und Schweinestall mithalf. Als sie eine Rente bekam, ging sie ins Dorf hinunter, nahm sich dort ein Zimmer beim alten Schuldirektor und machte für diesen nebenher ein paar Besorgungen.

Aber auch von den drei eigenen Kindern des Grafen zogen zwei von daheim weg: Der einzige Bub ging zur Bahn, und ein Mädchen wanderte in die Stadt ab, um Krankenschwester zu werden. Die jüngere Tochter blieb als Hoferbin zurück – kurzum: Weil sie einander auch mochten, heiratete sie den Salbinger, der zwischenzeitig achtungsvoll Rudolf genannt worden war und der jetzt wieder Rudi hieß – in einer ganz liebevollen Weise.

Jahre sind dahingegangen wie das weiße und schwarze Gewölk am Himmel überm Graf, und trotz so mancher widriger Umstände blieben auf dem Hof Wohlhabenheit und Ansehen erhalten. Salbinger, der vormalige Knecht, genoß das mit stillem Stolz, wie er auch jede ehrliche wie geheuchelte Bewunderung genoß.

Heute steht er oftmals sinnend am Fenster und schaut auf die Niederungen, wo er etwas zurückgelassen zu haben vermeint. Sein Niederschauen ist ein Zurückschauen, und mit verklärten Blicken sieht er das ferne traumhafte Farbenspiel der Jahreszeiten: die aufgrünenden Wiesen und Äcker, die weiten Blütenschatten und Sommerfelder, die herbstlich verglühenden Bäume am Bach, das weiße, stille Schneeland des Friedens. Wie war ihm das einstens, als er dort unten als Bub gelegen war, alles verborgen gewesen! Denn er hatte ja immer nur heraufgeschaut.

Wie spät ist es?

Bei unserem Nachbarn war häufig ein Taglöhner beschäftigt, Seppl mit Vornamen, dem jede Hast fremd war, was vermutlich auch damit zusammenhing, daß er es nie gelernt hatte, die Uhrzeit abzulesen. Dafür hatte er ein instinktsicheres Gefühl für das Herankommen von Mahlzeiten, mochte es Sommer oder Winter sein, mochte die Sonne scheinen oder den ganzen Tag über am Himmel die Düsternis nicht weichen. „Is nit schua Jausnzeit?" fragte er, wenn die dafür vorgesehene Uhrzeit bereits überschritten war. „Hiatz wird's bold Zwölfe läutn", verkündete er, wenn jemand kurz vor dem Mittagsgeläute unbedingt noch eine Arbeit angehen wollte. Zwischendurch vermochte er freilich keine Zeitangaben zu machen, und um ihn zu hänseln, wurde er da oft gefragt: „Seppl, wia spät hamma?" Damit wurde er aber keineswegs in Verlegenheit gebracht: Er ließ sich eine Uhr vorhalten, warf einen kurzen Blick darauf und sagte in sicherem Ton: „'s paßt schua."

Beim selben Nachbarn war zuvor ein Knecht namens Michl beschäftigt gewesen. Beim sommerlichen Getreideausschlagen in der Tenne war ihm, dem körperlich Schwächlichen, die Aufgabe zugeteilt worden, auf dem Dachboden die ausgeschlagenen Garben stockweise aufzuschichten (im Advent kamen sie zum Drischeldrusch wieder herunter). Die schwitzende Mannschaft in der Tenne verblüffte er mitunter damit, daß er durch eine Dachluke nach der Sonne schaute und dann laut mitteilte:

„Jausnzeit is's!" Und es war tatsächlich stets genau neun Uhr am Vormittag oder vier Uhr am Nachmittag, wo man die Jause einzunehmen pflegte. Wer im Besitz einer Taschenuhr war, versuchte auch zwischendurch die Zeitschätzung des Knechtes zu prüfen: „Michl, wia spät hast?" Jener schaute nach der Sonne, schien dabei den Standort unter der Luke sorgfältig zu überprüfen und vollführte auch sonst allerlei Zeremoniell, dafür verfehlte er sodann die Uhrzeit kaum um eine Minute. Da bei Regen sein Blick selbst die dichtesten Wolken bis hin zum Sonnenstand zu durchdringen vermochte, festigte sich nach und nach sein Ruf als Hellseher. Bis einmal jemand zwischen den leeren Garben einen alten Wecker entdeckte: Der Schelm hatte sich eine Uhr mitgenommen, um darauf zu achten, daß die Jausenzeit ja genau eingehalten werde …

Auf unserem Schulweg begegnete uns täglich ein alter Mann, der im Sommer wie im Winter, bei Kälte wie bei Sturm und Regen von der Frühmesse in St. Peter am Ottersbach kam. Die Dorfleute von Edla hießen ihn Eckschmied Hans, für uns Kinder war der Alte im schwarzen Gewand und mit buschigem weißen Schnauzbart der „Uhrvoda". Denn Generationen von Schulkindern, die ihm begegneten, sagten nicht den üblichen Gruß „Guten Morgen!" zu ihm, sondern fragten: „Uhrvoda, wie spät is's?" Und er gab immer in gleicher Weise zur Antwort, wobei er kaum einmal den Blick von der schottrigen Straße hob: „Halb." Oftmals stimmte es mit der Zeit, nämlich mit halb acht, ziemlich genau überein. Aber auch dann, wenn es erst sieben war und er soeben aus der Kirche kam, war's bei ihm bereits halb, oder wenn unsereins schon reichlich spät unterwegs zur Schule war und den Alten beinahe weinerlich anflehte:

„Uhrvoda, wie spät is's?", gab er mit einer geradezu verhöhnenden Gelassenheit zur Antwort: „Halb." Indes, bald darauf schlug die Kirchturmuhr achtmal …

Noch im hohen Alter ging der Eckschmied Hans, der früher Knecht gewesen war, in den Wald Schwammerl suchen. Er war gerne auf den Beinen, und Wanderungen durch den Wald konnte er mit Nützlichem verbinden. Auf einem abschüssigen Waldboden stürzte er einmal jedoch so unglücklich, daß er innerlich einen schweren Schaden nahm. Dennoch schleppte er sich, gestützt auf einen dürren Buchenast, allein heimwärts. Unterwegs begegnete ihm ein Bub, der ihn in treuseliger Gewohnheitsmäßigkeit nach der Uhrzeit fragte. Darauf soll der Alte in ganz ungewohnter Weise geantwortet haben: „Z' spät is's."

Knapp zwei Tage darauf war der „Uhrvoda" tot.

Der Rückzug der Schuster

Eine mit Werkzeug vollgepackte saulederne Schustertasche, mit Leisten und Knieriemen darüber, erinnert noch heute an jene Zeit: Mein Vater war in jungen Jahren einer der letzten Störschuster in Khünegg und in der weiten Umgebung gewesen. Mit dieser Tasche und einem über die Schulter geworfenen Sack voller Leisten begleitete er den Meister von Haus zu Haus. Der Meister, Matzer Lois mit Namen, hatte seine besten Jahre diesem Wandergewerbe verschrieben, und so war er als Junggeselle alt geworden. Ich habe ihn als kahlköpfiges, rundliches Männlein in Erinnerung, im Mund stets eine Hängepfeife, in die er in der Notzeit der Kriegs- und Nachkriegsjahre kurzgeschnittenen Bast von Weinstöcken gestopft hatte.

Zumeist hatte er einen Gesellen bei sich und stets auch einen oder zwei Lehrbuben. Und sobald sie eine Stube in eine Schuhmacherwerkstätte verwandelt hatten, türmten sich Berge von in einem Jahr kaputtgegangenem Schuhwerk auf, dazu brüchig gewordenes Riemenzeug von Zugtieren, zerfallene Ledertaschen … Und dazu eine Rolle Schweinsleder, das vom Sauabstechen den Weg über den Gerber zurück ins Haus genommen hatte. Wenn genug vom Leder da war, dann konnte dem einen oder anderen Familienmitglied auch ein neues Paar Schuhe angemessen werden.

Das war dann ein Klopfen und Pfeifen und Geplauder bis in den späten Abend hinein. Weil die Störschuster viel in den Häusern herumkamen, wußten sie allerlei zu erzählen, und so waren sie stets von kleinen und großen Zuhörern umlagert. Und nach einer Schüssel voll Hirsebrei (weil er nicht mit Milch, sondern nur mit Wasser gekocht war, hieß er Stierbrei) und einem Krug Most dazu verkrochen sich die Schuster im Heu, wenn es draußen warm war; im Winter hatten sie ihr Lager im Stall.

Wenn es viel Arbeit gab, dann geschah es, daß sich der Störschustertrupp des Matzer Lois teilte und die Schusterleute in zwei, drei Häusern zugleich ihrem Handwerk nachgingen. So mußte zuweilen auch mein Vater in manchen Stuben für eine ganze Woche allein seine Schusterbank aufschlagen, um sich durch den Berg von kaputtem Schuh-, Stiefel- und Riemenzeug, das sich auf dem Dachboden in wenigstens einem Jahr angesammelt hatte, durchzuarbeiten. Nicht selten mengte sich über Nacht auch etwas von den Nachbarsleuten darunter, nachdem man vernommen hatte, daß der Flickschuster in der Nähe sei, und nachdem in den Kirchgangsschuhen Löcher und bei den Gamaschen losgetrennte Schnallen entdeckt worden waren.

Die Bezeichnung „Flickschuster“ traf die Sache. Denn die Arbeit bestand oftmals ausschließlich darin, über Risse im morsch gewordenen Leder mit pechigem Schusterdraht einen Fleck zu nähen, die durchgetretene Sohle mit einem Doppler zu verstärken und mit einem Kranz von Mausköpfln oder Büffelnägeln zu versehen oder noch gut erhaltene, aber zu klein gewordene Schuhe vorzuschieben, wodurch sie größer wurden.

Dies war allerdings eher selten erforderlich. Denn in der Regel wurden die Schuhe in der Familie oder Verwandtschaft so lange nachgetragen, so lange ein Holz-

nagel hielt und der Pechdraht im morschen Leder nicht ausriß.

Einmal werkte mein Vater in einer Keusche, in der es sechs Kinder gab. Während man sich dazu entschlossen hatte, für das älteste der Kinder ein neues Paar Schuhe anmessen zu lassen, mußten sich die anderen mit Schuhen begnügen, die bloß neue Flecken und Sohlen hatten. Wahrhaft beklagenswert war das jüngste, ein achtjähriges Büblein, das sich mit Schuhen zufriedengeben mußte, die alle seine fünf Geschwister vor ihm schon getragen hatten. Dieses saulederne Gehwerkzeug, auf dem ein Fleck den anderen hielt, war schon so etwas wie ein Familienerbstück.

Einmal kam das Büblein heimlich zu meinem Vater und flehte ihn an: „Mach s' nit, d' Schuach, Schuster! I bitt gar schian! I möcht a neue ham." Da konnte mein Vater freilich nichts versprechen. Aber nachdem er die Schuhe geflickt hatte, legte er sie für eine Weile ins Wasser und schob sie dann für eine Nacht ins warm beheizte Backrohr, so daß sie zusammenschrumpften.

Als mein Vater ein paar Tage darauf bereits von der Stör daheim war, kam der Keuschler ins Haus. Aber er wollte keine neuen Schuhe anmessen lassen für seinen Jüngsten, sondern er stellte das Paar Saulederne auf den Tisch. „Hast sie schian z'sammgflickt, Schuster", sagte er. „'s is schad, daß ma s' wegschmeißt. Sind dem Buben auf amal z' kloan – muaßt sie vorschieben, Schuster ..."

Nachdem sein Meister noch in den alten Tagen in einen kleinen Bauernhof eingeheiratet hatte, um nimmer wie ein Kostgeher (Einleger) herumziehen zu müssen, hängte auch mein Vater die Tasche und mit ihr den Schusterberuf an den Nagel. Während aber der Matzer Lois sich zwischendurch immer wieder auf den Schusterstuhl hockte und an einem Schuh herumflickte, um so in seine doch liebgewordene Welt einzusinken und tausenderlei Störerinnerungen zu wecken, nahm mein Vater stets nur widerwillig von Nachbarsleuten löcherig gewordenes Schuhwerk entgegen. Seine Erzählungen von der mit manchen Entbehrungen behafteten Störzeit verklärten auch nichts, wenngleich ihm schon auch etwas daran lag, lehrhaft darzutun, daß einem in jungen Jahren „nix gschenkt" werden soll, und so schlossen seine Erinnerungen fast allemal mit der Bemerkung: „'s is a harte Zeit gwesn."

Und obwohl er neben der Arbeit in der eigenen kleinen Landwirtschaft lieber ins Tagwerk ging, als sich zur Schusterbank zu setzen, sprachen zeitlebens der Handwerkerstolz und der Protest gegen die das Handwerk verdrängende Industrie aus ihm. Die „Fabriksschuh", die man ihm zum Flicken und Doppeln brachte, erregten stets seinen Unmut, womit er freilich auch die Abweisung des Auftrages begründete: Was keine Handarbeit sei, damit könne ein richtiger Handwerker nimmer viel anfangen. Brandsohle und Einlagen seien aus Pappe, alles sei nur gepickt, und weder Holznagel und Garndraht fänden einen Halt, und man werde schon noch draufkommen, daß aus den Fabriken lauter Gelumpe komme.

Doch als im Nachbarort ein alteingesessener Schuhmacher selber mit dem Schuhhandel anfing, da ließ mein Vater endgültig ab von der Hoffnung auf ein Wiedererstehen dieses Berufsstandes, der ihn auf die Stör geführt hatte.

Nur eine mit Werkzeug vollgepackte saulederne Schustertasche, mit Leisten und Knieriemen darüber, erinnert noch heute an jene Zeit.

Als ich Holzknecht war

Mein Heimatort Khünegg wird beinahe ganz vom Wald umschlossen. Es sind freilich nur kleine, lichte Mischwaldstreifen, die sich wie ein wallender Kranz um den hochstrebenden Hügel legen. Gegen Süden hin breitet sich aber ein Großwald aus, der heute noch mit gewissem untertänigem Respekt die Bezeichnung Herrschaftswald führt und vor wenigen Jahrzehnten auch Hofwald genannt wurde. Er gehört jedoch zum Gutshof Weinburg, wohin die Khünegger nie „gedient" hatten: Sie waren entweder den hier ansässigen Herren von Holzapfel oder den Herrschaften Herbersdorf und Poppendorf untertänig.

Freilich hatte sich bis in unsere Generation herauf eine gewisse Abhängigkeitsbeziehung auch zu diesem Weinburger Herrschaftswald erhalten. Denn den Khüneggern war seinerzeit bloß geringer Waldbesitz zugefallen; und die kleinen Bestände wurden geschont, weil sie die Einstreu für die Stallungen lieferten. So versorgten sie sich mit Brennholz in der Weise, daß sie im nahen Großwald „für Stock und Stauden" Bäume umgruben und für den Abtransport zum Sägewerk zurichteten. Wer sich also in den Wintermonaten als Holzfäller verdingte, erarbeitete sich mit den Wurzelstöcken und dem Astwerk reichlich Heizmaterial für den folgenden Winter. Und waren die Fichtenbloche im Frühjahr zu entrinden, gehörten auch die harzigen Rindenhäute zum Lohn. Diese wurden zum Trocknen hüttenähnlich zusammengestellt und dienten im Sommer Pilz- und Beerensuchern bei plötzlichen Regengüssen als Unterschlupf.

In der Zuteilung der Schlägerungsriede wurde auf eine wohlgefügte hierarchische Ordnung geachtet. Von Weinburg aus schaffte ein Forstmeister an, wo und wie viel geschlägert werden sollte. Ihm galt der allgemeine Respekt: War er auch kaum einmal unter den Leuten zu sehen, war er doch fast immer als „Herr Forstmeister" gegenwärtig. Ihm zur Seite stand ein Waldaufseher, welcher die Schlägerungsarbeiten überwachte und auch sonst im Wald nach dem Rechten sah. Ihm galt weniger Respekt, und zeitweise ließen ihn die Khünegger sogar Verhöhnung und Feindseligkeit fühlen, weil er zwar auch ein Bergler war wie sie, sich aber sowohl im Gehabe als auch in seinen bescheidenen Entscheidungsbefugnissen ganz und gar „herrschaftlich" gab. Die eigentliche Entscheidungsgewalt hatte ein Unteraufseher: Er entschied, wer sich wann und wo sein Brennholz verdienen durfte. Dadurch erzwang er sich zumindest vordergründige Freundschaften und allgemeine Achtung. Zudem sicherte er für sich persönlich die guten Dienste jener, die sich dafür die Zuteilung eines besonders ordentlichen Holzschlages erhofften. „Ordentlich" war einer, der weder abgelegen noch steil war, auf dem schöne Bäume standen, die man nicht aus einem gelben Schotterboden zu graben hatte. Eine gewisse Bevorzugung konnte man sich auch durch Sonderleistungen im herrschaftlichen Wald erwerben: Indem man im Frühjahr beim Aufforsten, im Sommer beim Niedersicheln des Unkrauts in den Jungbeständen und im Herbst beim Instandsetzen der ausgefahrenen und ausgewaschenen Wege half. Und wer nach solcherart erwiesener Dienstbeflissenheit auch die besondere Gunst des Aufsehers oder Unteraufsehers genoß, der durfte sich zusätzlich ab und zu im Herrschaftswald eine Fuhre Streu oder einen angemorschten Baum holen.

Um mich zur Winterszeit in unserer Stube redlich erwärmen zu dürfen, stand ich bereits im zarten Alter in diesem herrschaftlichen Dienst. Mit Haue, Krampen und Axt rückte ich oftmals ganz allein den mächtigsten Bäumen zu Leibe. Hatte sich auch die eisigste Kälte in den Wald gesenkt, so überströmte mich doch alsbald der Schweiß, wenn ich die gefrorene Erde auf- und die knorrigen Wurzeln darunter abhackte. Ja, so ein Stockholz – wie oft hatte ich diesen Ausspruch gehört, ohne zu begreifen, daß man harte Plage mit Heiterkeit ummäntelt – wärmt gleich dreimal: beim Baumumgraben, beim Stockklieben und schließlich im Ofen. Doch wenn ich zur Stärkung zum Keil Brot eine dünne Scheibe Preßwurst verzehrte und den an einem Feuer erwärmten Most trank, dann hatte ich mich allemal auf den dicksten der auf einmal so armselig daliegenden Baumstämme gesetzt, atmete den Leichengeruch des Harzes mit stiller Zufriedenheit ein und schaute hinauf in die immergrünen Höhen der Wipfel, aus denen ab und zu das Säuseln des Windes niedersank.

Mich befiel immer wieder ein unbeschreibliches Siegesgefühl, wenn einer dieser Baumriesen mit Gedonner niederstürzte; dieser Augenblick des Triumphes war der schönste Lohn für ein, zwei Stunden kraftraubender Mühe. Denn zuweilen zeigte ein Baum auch noch im Hinsinken seine ganze Widerspenstigkeit.

So verfing sich einmal eine bereits zum Fallen geneigte Fichte in der buschigen Krone einer anderen, woran wohl der Wind, der da oben der Sturzrichtung entgegengefahren kam, schuld war. Zuerst Staunen, dann Wut und schließlich Ratlosigkeit. In die beklemmende

Stille hinein drang von irgendwoher das helle, rhythmische Klingen einer Zugsäge, und aus einem Waldgraben kam das dumpfe Krachen vom Stockschießen herauf. Soll ich Leute holen, die mir mit einem Seil den widerspenstigen Baum niederreißen helfen? Doch ich war gleichermaßen zu stolz und zu verschreckt, ich wollte mich nicht auslachen und belehren lassen; ich vertraute meinen eigenen Überlegungen. Und schon nach kurzem Nachdenken beschloß ich, auch jene andere Fichte sogleich umzugraben. Aber es war wie verhext: Die beiden sanken dann hinein in die Arme einer buschigen Föhre. Jetzt fing ich wie besessen gegen die Umklammerung der Bäume zu kämpfen an, gegen diese Verschwörung da oben in den Lüften gegen mich. Ich weiß nicht mehr genau, zuletzt waren es vier, fünf oder noch mehr Fichten und Föhren, die sich ineinander verschlungen hatten und auf die ich einen alleinstehenden, das ganze Waldstück überragenden Baum fallen ließ. Jetzt stürzte alles mit schauerlichem Getöse nieder und hinein in einen hoffnungsvollen Jungwald. In der nun folgenden Stille hätte mir das Unheil bewußt werden sollen, jedoch die an Erschöpfung grenzende Müdigkeit ließ weder ein Erschrecken noch ein inneres Gejammer aufkommen.

So erschrak ich auch nicht sonderlich, als mitten in dem grünen Chaos plötzlich der Waldaufseher auftauchte. Er kraxelte unheimlich flink über das Gestämmwirrwarr, schloff in den niedergedrückten Jungwuchs hinein, versuchte da und dort ein Bäumchen aufzurichten und schaute nur einmal kurz zu mir herüber. Dann aber brach es aus seinem gequälten Herzen hervor: „Lausbua, was hast angstellt!“ Er fing wie von Sinnen zu fluchen an, schrie etwas von Waldfrevel und jagte mich davon.

Daß wir ab sofort keinen Baum mehr zum Schlägern zugewiesen erhielten, traf uns für eine Weile empfindlich. Doch schon wenige Jahre später kam der Aufseher persönlich zu uns und bot die schönsten Waldschläge an: „Schiane Bam, alles brettleben, koa Stoa im Bodn!" Denn nur „für Stock und Stauden" wollte niemand mehr Holzknecht werden. Auch ich nicht.

Begegnung im Stall

Daß Herbert, der jüngste Sohn vom Grubsimmer, an einem Samstagnachmittag gerade in dem Augenblick heimkam, als eine Kuh beim Abkalben war, fügte sich unleugbar gut. Vor allem deshalb, weil die Kuh namens „Blüamal“ ihr Kalb allemal unter bemitleidenswerten Mühen zur Welt brachte und die beiden Grubsimmer-Leute als Geburtshelfer allein auf dem Hof gewesen waren. Schon zu Mittag sprachen im Stall alle Anzeichen dafür, daß die Kuh nimmer lange zuwarten würde, aber der Bauer hoffte auf die rechtzeitige Heimkehr von Herbert. Dieser arbeitete seit etlichen Monaten in Graz und war eine Zeitlang alle paar Tage und zuletzt nur noch am Wochenende heimgekommen. Da er aber einmal junger Grubsimmer werden sollte, ermahnte ihn sein Vater manchmal sorgenvoll: „Bua, tracht heim zur Arbeit!“

Doch „Blüamal“ schien seine Heimkehr nicht erwarten zu können. Nachdem der Grubsimmer am frühen Nachmittag im Stall nochmals Nachschau gehalten hatte, knurrte er seine Frau unwirsch an: „Müaß ma's halt allein probiern!“

Sie holte ein Schüsselchen voll Schmalz, er suchte die Geburtsleinen und breitete frisches Stroh auf, dann gingen beide ans helfende Werk. Aber sie merkten bald, daß sie es allein nicht schafften. Im aufgeregten Beraten meinte er zunächst zur gemeinsamen Beruhigung, es schade gar nicht, wenn man sich Zeit lasse und bedächtig vorgehe: sie ängstigte sich jedoch mit dem Gedanken, das Kalb könne ersticken, und am Ende sei auch die Kuh hin; und als angedeutet wurde, zu schlechter Letzt den Tierarzt holen zu müssen, da einigte man sich doch darauf, daß die Bäuerin geschwind zum Nachbarn um Hilfe laufen sollte.

Eben wollte sie beim Stall hinaus, als Herbert in der Tür stand.

„Kimmst grad noch zrecht!" riefen die beiden Bauersleute erleichtert, und der Bursche erfaßte rasch die Lage, schlüpfte in den grauen Stallmantel und griff zu. Die Männer keuchten und ächzten, die Frau seufzte in einem fort und murmelte dazwischen, während sie den Schädel des Rindviehs kraulte: „Blüamal, Blüamal, brav bist!" Das Tier selbst verhielt sich ruhig und gab nur manchmal ein verhaltenes Brüllen von sich.

Dann war es endlich da – ein Prachtkaibl, das gleich mit munteren Augen keck in die plötzlich seltsam große Welt des Stalles schaute. Es wurde abgenabelt und mit Stroh trocken gerieben. „A Stierkaibl", stellte der Bauer währenddessen fest und massierte hastig das dunkelbraun gefleckte Fell. „A Riesentrumm!"

Dann erst fand man Zeit zum Verschnaufen. „Daß's nur guatgangen is!" sagten die beiden Grubsimmer-Leute erleichtert und frohgemut, und beinahe zugleich entdeckten sie im milchigen Licht der Sonne, die durch schmutziges Fensterglas schien, daß noch jemand herinnen war: Da stand in Jeans und roter Bluse ein Mädchen, die beiden Hände voll mit Blut und gelbem Schleim. War's ihnen nicht ohnehin so vorgekommen, daß vorhin noch ein Händepaar in die glitschigen Leinen gegriffen hatte?

„Wen hast denn da mitbracht?" fragte der Grubsimmer überrascht und ohne merkbare Freundlichkeit.

„Mei Freundin", antwortete Herbert und lächelte dabei ein wenig verlegen. „Wollt s' enk amal vorstelln. Andrea hoaßt s'."

„'ß Gott!" sagte diese. „Sind noch gar nicht dazukommen, 'ß Gott! zu sagen." Sie lachte.

Die Bäuerin wandte sich nach einer Schreckpause an ihren Sohn: „Hast 'n neuen Spiegl fürs Bad und 'n Einziehgummi für'n Vater seine Arbeitshose wohl auch mitbracht?"

„Hiatz schau, daß wir uns amal wo d' Händ waschen können", schaffte der Grubsimmer.

Zuvor aber mußte das Kalb noch in die Box und ins Strohbett gelegt werden. Dann stand vor dem Stall auf einem alten Küchensessel auch schon eine Waschschüssel mit warmem Wasser und Seife, und alle standen herum und wuschen gemeinsam die Hände. Dabei wurde geschwiegen oder merkbar gequält das soeben glücklich überstandene Stallereignis beredet.

Und nachdem man sich die Hände abgetrocknet hatte, sagte die Grubsimmerin in aller denkbaren Kargheit: „So, hiatz kemmt's!" Das war die knappe Einladung zur Jause – nicht zu einer Jause dem Überraschungsgast zu Ehren, sondern zu jener, die den Geburtshelfern allemal angeboten zu werden pflegte, und die Einladung dazu war stets recht herzlich.

„I hab a Krakauer mitbracht", sagte Herbert und holte aus seiner Tasche eine ganze Stange.

Die Bäuerin schnitt davon ein paar Scheiben ab und legte sie auf den bereits gerichteten Teller mit Geselchtem und Gebratenem, schnell mit frischem Kren bestreut.

„Is was Ungwohntes für unsereinen, so a Krakauer", sagte der Grubsimmer und biß von einer Scheibe herunter, brachte den Mostkrug zum Tisch und trank gleich selber daraus in langsamen Zügen. „A Freundin also …" Er wandte sich jetzt direkt an das Mädchen, das an einer mit Geselchtem belegten Brotschnitte kaute: „Is koa feine Sach, so a Arbeit im Stall, was?" fragte er und schaute dabei lauernd in ihr fremdes, frisches Gesicht.

„Aber so ein Kaibl ist süß!" erwiderte Andrea.

Eine knappe Antwort. Sie stimmte den Grubsimmer, der sie noch mit ihren blutigen, schleimigen Händen vor Augen hatte, jedoch gleich zufrieden. Herbert spürte dieses Zufriedensein und lächelte. Die Grubsimmerin hingegen wandte sich unruhig und energisch an ihren Sohn: „Hast hiatz den Spiegl und 'n Einziehgummi mitbracht oder nit?!"

Wenn der Jauk geht

Das war in meiner Kindheit immer ein wundersames morgendliches Erwachen, auch wenn die noch verschlafenen Augen über die Betthülle hinweg ins Finstere oder ins verlorene Leuchten der Petroleumlampe schauten: In einem schon unbarmherzig lange dauernden Winter hatten wir am Abend noch einen Frost ausgesperrt gehabt, der die Hand an der Türklinke hatte kleben lassen, und wir waren neben dem glühenden Ofen ins Bett gekrochen, doch in der Früh war keine Kälte in den Schlafraum eingedrungen, wir hörten ein seltsames Brummen ums Haus, ein munteres Rütteln an den Fensterläden und ein lustiges Geplätscher vom schneebeladenen Dach, und die Mutter kam und sagte: „Über d' Nacht is da Jauk kemman."

Das waren später, nach Jahren, wundersame Nächte, die wir Burschen im ausgehenden Winter durchwanderten, um ein Schnapsbrennen oder eine andere Lustbarkeit ausfindig zu machen, wenn ein schäumendes Gewölk um den Mond flog und die Luft auf einmal nicht mehr beißend kalt, sondern so mild bewegt war, daß unter unseren Füßen der Schnee wegrann: Der Jauk war eingefallen.

Und noch später wurde mir eine andere, wohl uralte Erfahrung anvertraut: Wenn der Jauk geht, dann kommt gewiß ein anderes Wetter – meist Regen, im Frühjahr wohl auch noch Schnee. Diese Erfahrung war kostbar, weil sie bei dringend zu erledigenden Außenarbeiten zur

Eile trieb; wer sie mißachtete, hatte schon bald das Nachsehen.

Man wird es wohl schon erraten haben: Den Südwind oder Föhn nennt man in unserer südlichen Heimat Jauk – einer der vielen nur diesem Landstrich an der Sprachgrenze eigenen Ausdrücke. Und auch dieser kommt vom slawischen „jug", was Süden heißt.

Nun gab es bei uns in Khünegg aber auch einen Knecht, der Jauk hieß. Wenn also jemand zur Erklärung ansetzte: „Wenn der Jauk geht, nachher …", so konnte das zuweilen zu Mißverständnissen führen.

Letztlich war dem aber doch nicht so.

Der Jauk Lois, ein wunderlicher Geselle aus dem Schwarzautal, hatte in seinem langen Leben schon mehreren Bauern gedient und war dann in seinen alten Tagen in Khünegg beim Bohnschneider gelandet. Ein Reißteufel war das schwächliche Männlein ja nie gewesen, und nun zehrte zudem das Alter an seinen kärglichen Körperkräften. So duldete man es auch nachsichtig, wenn er sich mehr und mehr seinem einzigen Vergnügen zuwandte: der Musik. Am Abend und im Winter zog er sich in sein Kämmerchen zurück, nahm vom Gewandkasten die „Steirische" herunter und quetschte aus ihr, stundenlang im Bett zusammengekauert sitzend, das absonderlichste Gemisch an Melodien. Bei Tag und wenn das Wetter nicht gar zu kalt und stürmisch war, wanderte er mit der Mundharmonika, genannt Fotzhobel, musizierend durch die Gegend. Dabei ging er, leicht nach vorne geneigt, sehr schnell, als habe er eilends ein Ziel zu erreichen, doch er hatte gar kein anderes Ziel auf Erden als den Weg unter seinen Füßen und den Fotzhobel an den Lippen.

Wenn aber ein Gewitter heraufzog oder ein Wetterumschwung zu erwarten war, sich jedoch das krachdürre

Heu noch auf der Wiese befand oder das Getreide, eine Fuhre Klee, Laubstreu oder frisch ausgenommene Rüben einzuführen war, dann konnte man auch auf seine Hilfe nicht verzichten. Nicht die gebotene Eile, wohl aber das Zutrauen und die Erwartung, die ihm entgegengebracht wurden, erweckten in ihm erstaunliche Kräfte. War die Arbeit getan und goß es noch nicht vom Himmel, dann machte er sich, gleichsam zur Entspannung, mit dem Fotzhobel auf den Weg.

Die Leute, die ihn sahen oder hörten, konnten nun getrost sagen: „Wenn der Jauk geht, nachher kimmt bestimmt a andres Wetter.“

Diese Prophezeiung traf somit auf beide zu: auf den Südwind und auf den Lois – zuverlässiger sogar noch auf diesen.

Jemand vor der Tür

Das Klopfen an der Tür drang wie eine Botschaft aus vergangenen Tagen zu ihr. Sie stand in der Küche, in die ein schmaler Strahl der schon hochgestiegenen Sonne fiel, und kochte am Herd wie an fast jedem späten Vormittag Milchreis. Draußen stand jemand vor der Tür! Und das Klopfen legte in ihr die Quelle der Erinnerungen frei.

Seit man ihren Mann, mit dem sie an die fünfzig Jahre ein stilles Glück des Ehelebens geteilt hatte, vor mehr als drei Monaten tot fortgetragen hatte, war kein Mensch mehr bei der alten Stuberin im Haus gewesen. Doch, der Wiesenschneider hatte sie einmal besucht, bald nach dem Begräbnis. Es müsse wohl schrecklich sein, so gach (plötzlich) ganz allein dastehen zu müssen, hatte er seine Anteilnahme bekundet. Und sie war dankbar für dieses Zeichen gewesen, daß man auch ein Wegstück abseits des Dorfes nicht ganz in der Einsamkeit versinken müsse. Aber dann hatte er gefragt, ob nicht der Bachacker (dieser reichte nahe an seinen Hof heran) zu kaufen wäre. Nein, war ihre rasche Antwort gewesen, ihr Mann und sie hätten alles verpachtet, und dabei bleibe es auch nach seinem Tod. „Für wen sparst, Stuberin?“ hatte er grob und feindselig gesagt und war gegangen. Und gleich darauf war noch jemand dagewesen, ein junger Lehrer, der ihr eine hübsch verpackte Dose mit feinen Keksen gebracht hatte. Sind schon recht, die jungen Leute, hatte sie gedacht, doch ein wenig Argwohn war dabeigewesen. Und dann war der junge Lehrer auf ihren Obstgarten zu reden gekommen, der westseitig bis zum Wald aufstieg. Er suche einen Bauplatz … Nein, war sie wieder geschwind eingefallen, was sie besitze, sei ja nicht groß, und es solle nichts zerstückelt werden. „Aber für wen halten S' alles zusammen?“ hatte der andere gefragt, und nachsichtig lächelnd hatte er sie verlassen.

Ja, für wen hielt sie alles zusammen? Für wen sparte sie? Diesem Gedanken hatte sie sich seither nicht immer entziehen können. Ihre einzige Tochter war in Kanada verheiratet, und von deren zwei Kindern kam sicher keines zurück, um den kleinen, in die Weltferne gerückten Hof zu übernehmen und zu betreiben. Soll ich jetzt alles verkaufen, was wir uns als Heimat erhalten haben, manchmal mit viel Mühe, um nachher im Haufen Geld zu verrecken? hatte sie oft und oft voll Bitterkeit gedacht. Und die Leute im Dorf sagten, sie sei zu beklagen, weil sie jetzt mit 72 Jahren auf einmal ganz allein sei und sich kein Teufel um sie schere.

Aber jetzt stand jemand vor der Tür!

Die Stuberin ließ ihr Denken den Verwandten zueilen. Zu welchen hatte sie überhaupt noch Kontakte? Es fiel ihr nur der Sohn von einem Geschwisterkind ein, der sich auch beim Begräbnis ihres Mannes um alles gekümmert hatte. Ja, der Hubert! Der war ein Mensch, den sie leiden konnte. Aber der hatte bei einer Bank eine gute Anstellung, für ihn wäre das Geschenk selbst eines kleinen Hofes eine Lebenslast. Und um diese Tageszeit hatte er bestimmt auch nicht frei, um sie besuchen zu können.

Und wieder das Klopfen an der Tür. Es war nicht zudringlich, sondern ein wenig unsicher, als wisse da jemand nicht ganz bestimmt, daß wer im Haus sei, obgleich sich überm Dach der Rauch vom Herdfeuer erhob.

Sie wandte sich um und dachte an den Briefträger. Doch der hatte für sie nie Extrasachen, die er nicht in den Briefkasten schieben konnte. War's wieder jemand vom Dorf? Jemand, der eine Torte auspackt, eine Flasche Wein. Und jetzt, Stuberin, laß mit dir reden. Wirst nicht da allein verkommen wollen. Geh zu uns, kriegst ein schönes Zimmer und alles ... Mein Gott, gibt's denn niemand, der einfach kommt, nichts bringt und nichts haben will? Die Schwabler Marie ... Mit der war sie von der Jugendzeit her bis ins Alter gut gewesen. Aber seit einem halben Jahr litt sie an den Bandscheiben und kam nicht mehr aus dem Haus. Und der Korprecht Ludwig, der einmal einen kleinen Handel betrieben hatte, und der Radlinger, der Zimmerer gewesen war, die beiden waren auch tagsüber oft zu den Leuten gegangen, um mit ihnen zu keppeln (gemütlich miteinander reden); doch sie waren schon seit Jahren tot. In einer gemeinsamen Welt geht mit jedem Sterben auch ein gutes Stück von ihr verloren; die Leere wird aufgefüllt mit Einsamkeit.

Aber jetzt stand jemand vor der Tür. Die Stuberin ging langsam hinaus und öffnete erwartungsvoll. Draußen stand ein Fremder, ein Wanderer, der freundlich grüßte und nach dem Weg fragte. Sie gab ihm kurz Antwort. Sie hätte sich wohl gerne länger mit ihm unterhalten, doch die enttäuschte Erwartung drückte eine kühle Abweisung in ihr Gesicht, so daß der Fremde gleich weiterging.

Wieviel Eier kost ’s?

Im Frühjahr wurde für uns das Einkaufengehen, das ein ganz seltenes Ereignis war, da wir uns mit den allernötigsten Zukäufen begnügten, ein recht einträgliches Geschäft, das uns sogar zu barem Geld verhalf. Wie solch Unglaubliches möglich war? Ganz einfach: Statt mit Geld, das bei uns allemal mehr als rar war, wurde mit Eiern eingekauft, und der Erlös von den Eiern übertraf in der Regel die Kosten unseres bescheidenen Warenbedarfs. Im Winter, wenn die Hühnerschar unterm Dach oder in der Streuhütte dahinfror und nirgendwo ein Eiernest aufsuchte, war das freilich anders, und da Schnee und Kälte den Einkaufsgang somit doppelt beschwerlich gemacht hätten, unterblieb er völlig. Was unentbehrlich war, hatte ich beim Schulgang zu besorgen. Doch sobald im Frühjahr das erste Grün auf den aperen Stellen die Hühner in die sonnige Freiheit lockte, da füllten sich die Nester gleich wieder, und der Einkaufsgang kehrte in unsere Alltagsordnung zurück.

Ganz ohne Mühe war diese Besorgung freilich nie zu machen, denn unser Kaufmann ums Eck war nahezu eine halbe Gehstunde von uns entfernt, und der Weg führte durch einen steil abfallenden Wald talwärts nach Edla zum Kaufhaus Schantl, „Landesprodukte und Gemischtwaren“, wie es angeschrieben war. Da von allen im Haus unleugbar ich die jüngsten Beine hatte, fiel in der Regel mir die Aufgabe zu, einkaufen zu gehen, auch wenn ich eben erst denselben und einen noch weiteren

Weg von der Schule her gemacht hatte. Indes, mir bereitete dieses Geschäft Spaß, da es mich wenigstens für eine Stunde so ziemlich „erwachsen" machte, und so ärgerte mich auch die immer wiederkehrende, demütigende Ermahnung: „Tu auf d' Eier schian aufpaßn!"

Gewiß, sie waren wie bares Geld, nur etwas zerbrechlicher. Und der Steilweg war gleichsam geflochten aus wirrem Wurzelwerk, gepflastert aus glitschigen Steinen und begleitet von einem von Millionen Tritten gekneteten Lehmpfad. Doch der jedesmal neu entfachte Ärger führte zu Trotz und Leichtsinn, und so mußte es geschehen, daß ich einmal über eine große Wurzel stolperte (obzwar ich sie alle blind zu kennen glaubte) und die aus Maislieschen geflochtene Eiertasche auf dem Boden aufschlug. Ich hob sie behutsam auf, wagte nicht hineinzuschauen, ich ging schnell weiter und dachte voll Bangen, daß ich mit den Einnahmen Zünder, Germ, Hirschhornsalz, Laugensteine und für den Vater ein Päckchen Landtabak kaufen mußte und daß ich auch etwas Geld heimbringen sollte.

In der kleinen Gemischtwarenhandlung mit einer ganzen Wand voller beschrifteter brauner Schubladen herrschte meinem Empfinden nach schon seit ewigen Zeiten ein altes, schmächtiges Weiblein namens Cilli, die ihr ganzes Leben dem Platz hinter der Budel (Verkaufstisch) gewidmet hatte. Der Umgang in Jahrzehnten mit den unterschiedlichsten Menschen, die auf der Budel auch ihre Lebensgeschichten und Alltagssorgen, allerlei Lustiges und Trauriges ausbreiteten, hatte ihr Gemüt und damit eine sehr wechselhafte Beziehung zu den Kunden geformt. Sie konnte fast nacheinander herzensfreundlich und grantig, geschwätzig und einsilbig, lustig und traurig sein; im Grunde war sie aber doch immer gütig.

Als sie meine seltsam tropfende Tasche sah, schimpfte sie zuerst mit mir, daß ich nicht hatte aufpassen können: „Verflixter Kerl! Hast ja noch junge Augen zum Auf'n-Weg-Schaun!" Dann nahm sie jedoch meine Tasche entgegen und verschwand damit in die Küche. Ich starrte indessen in die mit bunten Zuckerln gefüllten großen Gläser und überlegte in ungeziemender Weise, ob ich mir nicht wenigstens um einen Schilling etwas von diesen mir entgegenleuchtenden Köstlichkeiten erwerben dürfe, sollte das Unheil nicht gar so grausam ausgefallen sein.

Doch als die Cilli zurückkam, berichtete sie bekümmert: „Viel is nimmer verwertbar von dem, was da noch in der Taschn gwesen is."

Ich jammerte verzagt: „Aber i muaß Zündhölzl, Germ, Hirschhornsalz, Laugnstoan und für'n Vater a Packl Tabak hoambringen!"

Wortlos packte die Cilli die von uns so dringend benötigten Sachen in die gereinigte Tasche, auch den Landtabak, schaufelte aus den bunt gefüllten Gläsern sogar ein Säckchen mit Drops für mich voll und sagte in liebenswürdig-barschem Ton: „Geh damit, Bua! Zahln kann i dir heut aber nix."

Sie blieb bis ins hohe Alter in der Gemischtwarenhandlung, bis diese in einen kleinen Superladen mit Selbstbedienung umgewandelt wurde. Darin gab's kaum noch Eier als Zahlungsmittel – weder in Hart- noch in Weichwährung …

Romanze am Waldrand

Diese Geschichte kommt zugegebenermaßen dem alten herz-schmerzlichen Motiv gängiger Heimatfilme, -romane, -lieder und dergleichen sehr nahe, wonach sich der blonde Jäger am einsamen Waldesrand in liebgewohnter Weise mit seinem rehbraunaugigen Liebchen zu süßem Verweilen bis zum tränenvoll bitteren Auseinandergehen trifft.

Und doch ist hier alles ganz anders – wohl deshalb, weil die Geschichte der Wirklichkeit abgeschaut ist.

Der Held der Handlung ist auch kein Jäger, sondern ein schlichter Traktorfahrer, der allerdings zum Zeitpunkt dieses Geschehens noch von der Mystik der aufs Land ziehenden Technik umwoben war. Traktor-Gustl hieß er weitum, und er war das ganze Jahr über damit beschäftigt, aus dem von der Ebene bis ins Grabenland hingebreiteten Wald das Blochholz heraus und zu dem zum Forstbetrieb gehörenden Sägewerk zu bringen. Und der Traktor-Gustl vereinigte in sich die Mystik des Vergangenen und der neuen Zeit: Er hatte die Kraft und Verwegenheit eines kernigen Naturburschen, das Gesicht war ölverschmiert, die Fäuste waren pechig, und er roch nach Diesel und Harz.

Seit er mit dem Traktor im Forst unterwegs war, hatte er es sich zur Angewohnheit gemacht, daß er, nachdem er mit der schwer beladenen Fuhre vom Wald heraus- und im Freien auf den Schotterweg gekommen war, eine ausgedehnte Rast einlegte. Hier am Waldrand war eine klobige Holzbank errichtet worden, am Morgen stand sie im Sonnenlicht, dann legte sich der grüne Schatten über sie, und mancher Wanderer genoß von hier aus den Blick in die stille Weite. Und auf dieser Bank sitzend, verzehrte der Traktor-Gustl die Reste seiner kargen Mahlzeit und leerte die von daheim mitgenommene Mostflasche.

Dieser Rastplatz war zwar von Stille und Beschaulichkeit umgeben, aber er war nicht gänzlich einsam gelegen: Gleich in der Nähe verbarg sich in einer Gruppe struppiger Apfelbäume ein kleines Anwesen, das eine Witwe mit drei aufgeblühten Töchtern bewohnte. Einmal geschah es, daß sich eine davon dem Gustl auf der Bank zugesellte. Sie war vom Wald mit einem Schwammerlkörbchen gekommen, und er strich aus einer Dose Leberpastete aufs Brot und nahm aus der Mostflasche den letzten Schluck.

„Hast nix mehr z' trinken?" sagte das Mädchen.

„Da heroben wachst a bsonderer Most!" sagte er und lächelte schelmisch.

Sie brachte ihm ein frisches Krügel voll und setzte sich zu ihm, und bis es geleert war, wußte er manch Neckisches zu sagen, worauf sie alleweil lachte und ihn schließlich einen närrischen Menschen schimpfte. Als ein paar Tage später ein plötzlicher Gewitterregen auf den Wald niederrauschte, floh der Gustl von der Bank in die Wagenhütte hinüber, von wo er bald ins Haus eingeladen wurde. Man hieß ihn zu Tische sitzen, und alle drei Schwestern gaben sich zunächst verschämt, dann zunehmend immer herzlicher alle Mühe, ihn zu bewirten.

Kurzum: Die Einladung wurde zur unausgesprochenen täglichen Selbstverständlichkeit, und der fesche Traktor-Gustl, der nach Wald und Maschinen roch, begriff geschwind, daß ihm im Haus alle liebevoll zugetan waren

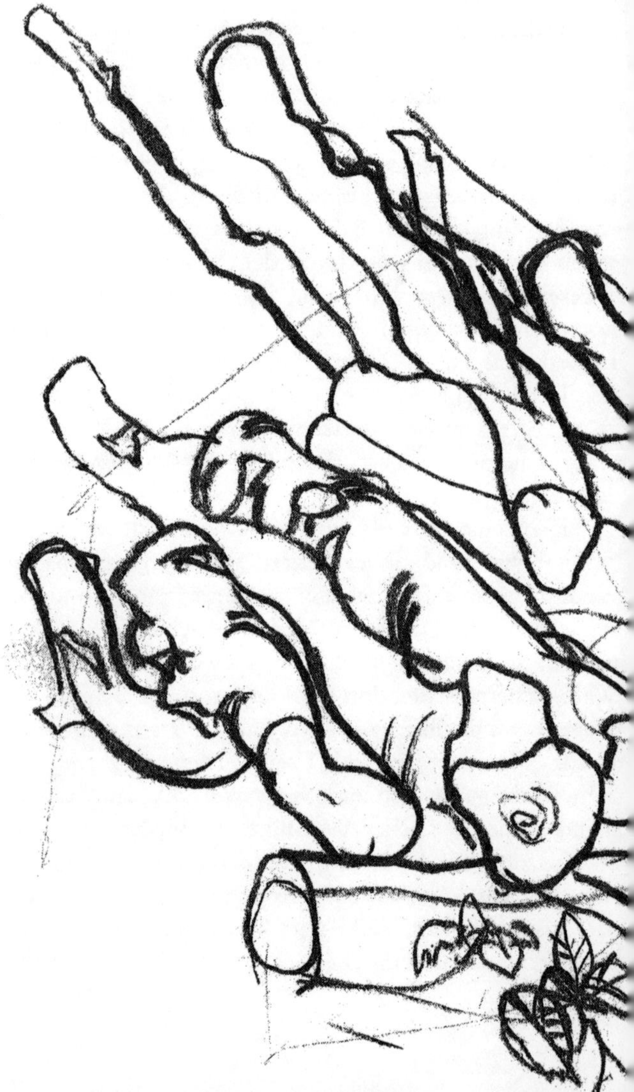

und daß sie gar nicht mehr heimlich darin wetteiferten, ihm Aufmerksamkeiten zu erweisen. Er kündigte sein Kommen bereits an jedem Morgen mit lautem Gehupe an, wenn er am Anwesen vorbei und in den Wald fuhr. Dort verzehrte er in den Arbeitspausen, auf einem Bloch oder Reisighaufen sitzend, all seinen Proviant und leerte auch die Flasche, da auf dem Heimweg die Einladung ja reichlich Stärkung verhieß.

Diese Geschichte, die länger als ein Jahr währte und niemals überschattet war von häßlichen Eifersüchteleien, sondern nur von zärtlichen Hoffnungen geschmückt wurde, müßte nun, wäre sie erfunden, einem Happy-End zugeführt werden. Aber sie endete, wenn auch ganz und gar undramatsich, im heimlichen Schmerz.

Als der Gustl eines Morgens vom Schotterweg her in den Wald einbog, schien er auf das fröhliche Gehupe vergessen zu haben; statt dessen hupte er einige Male kurz, als er am Nachmittag mit der Blochfuhre vom Wald herauskam und, Staub aufwirbelnd, vorüberdonnerte. – Der Forstbetrieb hatte aus Wirtschaftlichkeitsgründen das kleine Sägewerk geschlossen, der Traktor-Gustl war irgendwo Lastwagenfahrer geworden und wurde in dieser Gegend nie mehr gesehen.

A Federl am Huat

In einem Dorfwirtshaus hängt heute noch ein grauer Filzhut mit einer schwarzen, leicht geschwungenen Flügelfeder im grünen Geschnür, etwas abseits von der Garderobe hängt er, denn mit ihm hat es eine unvergessen heitere Bewandtnis.

Vor vielen Jahren, als sich noch selten auswärtige Gäste in dieses biedere Lokal verirrten, kehrte an einem Abend ein vornehmer Fremder zu, der tagsüber in der Gegend eine Wanderung gemacht hatte. Vornehm war sein Gehabe, anbiedernd ländlich, aber nicht bodenständig das Gewand. Seine Anwesenheit unter einem Schöcklein bäuerlicher Mannsbilder fiel vor allem dadurch auf, daß er barhäuptig dasaß und sein Hut einsam an der Wand hing, während die anderen mit den Hüten auf den Schädeln um die Tische waren – das alte Zeichen des freien Bauern, vielfach bis in unsere Tage würdig oder unwissend hochgehalten.

Und dieser einsame Hut mit der Feder eines Rabenvogels hatte es ihnen angetan. Vor allem aber die Feder.

„Wo hast'n sie her, d' Feder?" wurde der Fremde gefragt. Im Wald habe er sie gefunden, erzählte er mit einem Hauch von Jägerstolz, und sie müsse wohl von einem ungewöhnlich schönen, großen Vogel stammen, schätzte er.

„Von an Totnvogl!" wurde er mit künstlichem Schaudern aufgeklärt.

„Von einem Totenvogel?"

Während die anderen einen Krug Wein um den anderen leerten, verrieten sie dem Fremden weiters, daß die Feder von einem Totenvogel (Waldkauz) auf dem Hut das allerschrecklichste Unglück über einen bringe. Als er ungläubig lächelte, begann man damit, die wildesten Geschichten zu erzählen, in denen so eine harmlos scheinende Feder dem ahnungslosen und besonders dem sich hochmütig gebärdenden Träger grauenvolles Unheil gebracht hatte. Beim Fremden wich das ungläubige Lächeln, er ging hutlos hinaus und kehrte nicht wieder ...

Einstens hatten aber auch die meisten Mannsbilder in den Dörfern stets eine Vorliebe dafür, den Hut mit allerlei zu schmücken, was man so am Weg fand. Am Sonntag zierte ihn nur in vereinzelten Fällen ein wogender Gamsbart oder eine seidig glänzende Hahnenschwanzfeder; aber wenn sie draußen waren in der Natur, dann taten sie allesamt von ihr gerne etwas auflesen, was schmückend oder von bescheidenem Wert war.

Und so trugen sie gleichsam symbolisch die Jahreszeiten auf dem Hut: im Frühjahr die ersten Himmelschlüssel oder Schneeglöckchen, den eben aufgeflammten Krokus oder ein Buschwindröschen; im Sommer ein kleines Schüpperl Walderdbeeren oder ein paar Kornähren, ein Sträußlein Tausendguldenkraut für einen heilsamen Tee oder duftende Zyklamen; im Herbst irgendein kümmerliches Blümlein als letzte Gabe eines verlöschenden Blütenjahres oder etliche blauschwarze Spiegelfedern von herumstreunenden Eichelhähern; und im Winter ganz bescheiden einen grünen Bruch von einer Fichte oder Tanne, doch selbst dieser vermochte manch müden Kopf aufzurichten und dem Leben zuzuneigen.

Ja, so ein Hut war nicht bloß eine Kopfbedeckung. Zum allerlei verkündenden Aufputz kam auch noch die vielsagende Art, in der er auf dem Kopf saß: griesgrämig, verschlossen, abwehrend in der Stirn, keck, schneidig auf die rechte, überrascht und ratlos auf die linke Seite gerückt, fröhlich und tatenlustig im Nacken.

Ist so ein hutloser Mensch eigentlich nicht ausdruckslos, in seiner Erscheinung nichtssagend?

Verräterische Osterbeichte

Überlieferte alte Geschichten sind deshalb immer so erfrischend und köstlich anzuhören, weil darin alltägliche Gewöhnlichkeiten nach und nach verblaßt, dafür aber manche übertriebene Spaßigkeiten hinzugeflossen sind. Eine ursprünglich vielleicht gar nicht so komische Begebenheit wurde dadurch immer komischer; das ursprüngliche Lächeln gedieh zum Lachen.

So war es wahrscheinlich auch in dieser Geschichte. Die in ihr handelnden Personen sind schon lange, lange tot, aber die Geschichte selbst hat Generationen überdauert und bereitet heute noch herzhaftes Vergnügen, wird sie nur recht urtümlich erzählt. Doch ich möchte mich hier darauf beschränken, was sich in unserer Pfarrkirche an einem Ostersonntag tatsächlich zugetragen hatte.

Von der Hauptperson ist vor allem überliefert, daß er Pechölbrenner gewesen war. Pechölbrenner waren bei uns Leute, die im Sommer in Föhrenwäldern nach Kienstöcken gruben, daraus Pech- und Terpentinöl brannten, mit welchem sie im Winter weitum von Haus zu Haus zogen und es als Wundermittel für den Viehstand anpriesen und verkauften. Und dann ist überliefert, daß dieser Mann ein unselig gottfernes Leben führte. Wohl aber beachtete er das alte Kirchengebot, wenigstens zur österlichen Zeit die Sünden reuig zu beichten, um dann das Sakrament des Altares zu empfangen, und bei dieser Osterbeichte – es soll seine letzte in unserer Pfarrkirche gewesen sein – trug es sich zu …

Doch zuvor muß noch etwas darüber erzählt werden, was ein Heidsch ist (man spricht die Selbstlaute nicht als ei, sondern getrennt aus, also: He-idsch). Bei uns wird ein kleines, aber breites Handbeil so genannt, welches das ganze Jahr über seine guten Alltagsdienste leistet, auch wenn man nicht viel mehr als nur ein Häuschen hat.

Was hat aber ein Heidsch mit der Osterbeichte zu tun?

Weil so ein Heidsch alleweil gebraucht wird, geschieht es immer wieder, daß er irgendwo liegen bleibt und wegen seiner Unscheinbarkeit nicht gleich oder überhaupt nicht mehr gefunden wird. Da kann man sich nachher blau und grün ärgern, wenn man ihn nicht zur Hand hat, im oder um das Haus aber geschwind was zu richten wäre. Was tun? Man geht zum Nachbarn mit einem unterwürfigen Bittgarschön. Sich was ausleihen zu gehen war einstens überhaupt keine Untugend oder „schiache Gwohnheit“, sondern gleichsam der alltägliche Erweis einer lebendigen, lebensnotwendigen Nachbarschaftshilfe.

Ja, richtig: der Heidsch und die Osterbeichte! Die Osterbeichte des Pechölbrenners.

Von diesem ist schließlich noch überliefert, daß er eine gar seltsame Beziehung zu fremdem Eigentum hatte. Nein, er stahl nichts, er hielt es nur mit dem Grundsatz: Was du dir ausborgst, brauchst du nicht zu kaufen. Ab und zu vergaß er darauf, Geliehenes zurückzutragen. Wenn von seinen Nachbarn jemand in der Werkzeugkammer nicht gleich etwas finden konnte, lautete sogleich die Frage: „Hab ich's dem Pechölbrenner geliehn?“ Aber ihm wurde immer seltener etwas geborgt, was zu verstehen ist. Dann ging er jedoch heimlich und unbekümmert in die Kammer, in den Schuppen, um sich zu nehmen, was er dringend benötigte.

Und so kam es an jenem Ostersonntag zu diesem Vorfall: Er trat aus dem Beichtstuhl und wollte zwischen den dunklen Reihen der wartenden Sünder entschwinden, da riß der Pfarrer, der sich offenbar eben jetzt erst auf eine unterlassene eindringliche Ermahnung besonnen hatte, die Tür auf und rief dem enteilenden Beichtkind nach: „Aber den Heidsch muaßt wohl zrücktragn!"

Schlimm für den Pechölbrenner war vor allem, daß plötzlich gleich mehrere Nachbarn vermeinten, ihnen sei in den letzten Jahren ein Heidsch abhanden gekommen …

Taschenraufen, Distelstechen

Zunächst sei einmal klargestellt, daß sich hinter diesen auf Gewalttätigkeit verweisenden Bezeichnungen Harmloses verbirgt und daß damit sogar ausschließlich Tätigkeiten für Frauen zusammenhängen.

„Taschen“ hießen bei uns die im Frühjahr auf den Wiesen eilig emporsprießenden und die würfeligen Samenkapseln umhüllenden Blätter der Herbstzeitlose. Da sie den Graswuchs beeinträchtigen und das Viehfutter vergiften, zogen die Frauen einstens an sonnigen Frühlingstagen scharenweise und in einem nachbarschaftlichen Zusammenhalt über die Wiesen, rauften die „Taschen“ aus dem Boden und warfen sie unter einem Gebüsch zuhauf, wo sie verfaulten.

In gleicher Weise gingen sie, mit alten Küchenmessern bewaffnet, über die um diese Jahreszeit mehr oder minder üppig sprießenden Getreidefelder, um die sterngleichen, noch sanften Disteln aus dem Ackerboden zu stechen. Nicht bloß das stechende Unkraut später in den dürren Garben war ein Übel, es schickte zuvor noch Samenwolken in den Wind, um das Übel zu mehren.

Die beiden zeitaufwendigen, jedoch stets von munterer Geselligkeit begleiteten Tätigkeiten hat die moderne Landbewirtschaftung längst hinfällig gemacht: Auf dem überreich gedüngten Wiesenland hat der dichte Graswuchs die Herbstzeitlosen verdrängt, und unter „Taschen“ versteht man heute auch bei uns in erster Linie oder ausschließlich ein Behältnis aus Leder oder Kunststoff, schon selten aus Maislieschen, Weiden oder Stroh geflochten. Und die Disteln sinken mit anderen ungeliebten Kräutern unter den Düsen der Feldspritzen zusammen, noch ehe sie sich zum Erblühen erheben – der biblische Fluch scheint überwunden zu sein …

Eine andere Tätigkeit fällt mir auch noch ein, deren Benennung an eine schmerzliche Züchtigung erinnert: Haarraufen. Dabei handelte es sich wiederum um Flachs, den man hierzulande für die Leinenherstellung angebaut hatte und der zum Trocknen aus der Erde gerauft worden war.

Taschen- und Haarraufen sowie Distelstechen waren Beschäftigungen, die als Werkzeug nur ein Messer erforderten. Wenn bei uns in Khünegg jemand zu einer anderen Arbeit unterwegs war, bei der man überhaupt kein Werkzeug benötigt hätte, so schwang man dennoch eines auf die Schulter: eine Axt, einen Rechen, eine Haue. Wer nämlich keines bei sich hatte, mußte sich unterwegs bei einer Begegnung die vor allem für Männer spöttisch gemeinte Frage gefallen lassen: „Geahst Taschenraufen?" Am hellen Werktag einfach spazierenzugehen, welch eine Schande das war! Dabei ging man aufs Feld, auf die Wiese, in den Wald, wo man das Werkzeug zurückgelassen hatte. Und wer einen nicht dermaßen stänkernd anredete, dem konnte man's nicht einmal erklären.

In derartige Verlegenheiten kommt längst niemand mehr. Wer aufs Feld, auf die Wiese, in den Wald fährt – niemand geht mehr –, tut dies mit dem Traktor. Und damit hat man sein Werkzeug auf alle Fälle bei sich; ein Werkzeug überdies, das selber voller Kraft ist.

Die Erlösung von der Handarbeit ist weitgehend gelungen. Doch ist in der Handarbeit am Lebendigen nicht die Urbeziehung des Menschen zu jener unmittelbaren Umwelt zu sehen, die ihm das Leben erhält?

Ich erinnere mich an Gepflogenheiten, die von ungenannter Ehrfurcht und verhaltener Naturfrömmigkeit bestimmt wurden: Wenn wir mit erdigen Händen von der Feldarbeit zum Essen kamen, dachte keiner daran, die Erde – würden wir heute nicht *Schmutz* sagen? – herunterzuwaschen.

Die beiden Mütter

„Meine Mutter hat noch sechs Kinder ghabt", sagte die alte Bachweberin, die am Küchentisch saß und Salat putzte. Ganz unvermittelt brach sie damit das Alltagsschweigen ab. Sie schaute von ihrer Arbeit auch gar nicht auf, sie tat, als habe sie das nur für sich aus ihrem Erinnern herausgeredet. Gleich daneben auf der Bettbank fing ihre Schwiegertochter, die junge Bachweberin, gerade damit an, die kleine Manuela, die eben ein Jahr alt geworden war, frisch zu wickeln.

„Ach, das is oft eine Not gwesen!" fuhr die alte Bachweberin in einem seufzenden Beiklang fort. „Sechs Kinder und nur a kleine Wirtschaft! Wir haben all mitnander nit viel ghabt! Aber 's Sparen und 's Bescheidensein haben wir dafür glernt, das schon. Drum sag i's ja allweil: Ein Kind allein is a nix! Der Mensch muaß von klein an wissen, daß er nit allein auf d' Welt is. Hab selber ja auch vier ghabt."

In das folgende Schweigen hinein plärrte die kleine Manuela lustvoll mit ihrem zarten Stimmchen auf. Von draußen stürmte die dreijährige Barbara herein und ahmte fürwitzig das Geplärre der kleinen Schwester nach.

„Aber viere, wie wir's ghabt haben, is viel!" redete die Schwiegermutter mit Bestimmtheit weiter. „Is zu meiner Zeit schon z'viel gwesen. Damals hat's schon angfangen, daß die Kinder allerhand Ansprüch stelln. Das is ein Gfrett! Gibt man allweil nach, kostet's einen Haufen Geld, und am End is wieder nur Unzfriedenheit. Bleibt man streng, weil ma den Kindern 's Bescheidensein beibringen möcht, nachher wird ma von den Leuten als geizig ausgricht'. Ja, heutzutag is's nimmer leicht. Mehr als zwei Kinder kann sich da keiner nit mehr leisten."

Jetzt betrachtete sie mit schrägem Blick ihre Schwiegertochter, an der sie in diesen Tagen endgültig erkannt hatte, daß sich diese nicht mit zwei begnügte. Und daß sie das hatte *erkennen* müssen, daß man es ihr nicht gleich anvertraut hatte, hatte sie gekränkt und jetzt schließlich zu dieser herben Flucht in feiges Gerede veranlaßt. Aber die junge Bachweberin sagte auch jetzt noch immer nichts.

„Nein, mehr als zwei Kinder, das is heutzutag nix mehr", setzte die Alte fort. „Wenn's mehr sind, sind halt alle mit'nander arm: Die Eltern, weil s' nur noch für die Kinder arbeiten müssen, und die Kinder, weil s' nit alles das haben können, womit sich die andern prahlen. An das alles müssen die Eltern denken, wenn s' gscheit sind. Wenn sie sich schon selber hinrackern wolln, bittschön … Aber die Kinder dürfen s' dabei nit vergeßn!"

Die Schwiegertochter sagte noch immer nichts. Doch mit einer trockenen Windel fuhr sie auf einmal geschwind über die Augen, wischte über die Wange.

Die alte Bachweberin bemerkte auch das und erschrak.

„Aber Tschapperl, was reast (weinst) denn glei!" sagte sie mit plötzlich veränderter, sanfter Stimme. Sie hatte das Gekränktsein schnell vergessen. „Wenn ma selber vier Kinder ghabt hat, nachher hat ma gwiß nix gegen Kinder – gar nix! Aber die Zeit hat allweil mehr gegen sie. Und da denk i halt, daß enk das nit amol reut."

Gerade in diesem Augenblick stieß die kleine Manuela ein helles Lachen aus, das wie die Stimme einer unversehrten Herzensfröhlichkeit zu empfinden war, und die beiden Mütter lachten auch.

Ein derber Spaß

In meinem Roman „Flucht ins Gestern“ beschreibe ich den offensichtlich nur bei uns in Khünegg und in der näheren Umgebung gepflegten Brauch des Stockschlagens. Dieser kann ein gar hinterlistiges Geschäft sein, und er dürfte von feinfühligen Leuten selbst an ganz gewöhnlichen Abenden als schauerlich derbe, ungehörige Unterhaltung empfunden werden. In meiner Schilderung mache ich ihn aber gleichsam zum gesellschaftlichen Höhepunkt einer Totenwache! Manche Leser empfanden diese Szene als unerhört geschmacklos; sie sei entweder der unglückliche Ausfluß dichterischer Phantasie oder, wenn tatsächlich der Wirklichkeit abgeschaut, der Unfug eines verkommenen Volkslebens.

Wie es beim Stockschlagen zuging? Dieses rohe Gesellschaftsspiel war in erster Linie nur etwas für Männer, dennoch beteiligte sich auch manche zarte Frauenseele mit Wollust. Je größer jedenfalls die Runde war, die mitmachte, desto spannender und ausgelassener war der Spaß. Zuerst mußte ein Freiwilliger vor zum „Einschauen“: Dieser beugte sich in den Schoß eines Sitzenden nieder, welcher ihm mit beiden Händen fest die Augen verschloß. Nun waren alle Herumstehenden oder -sitzenden aufgefordert, dem hingestreckten Hinterteil mit der flachen Hand einen Schlag zu versetzen. Nach jedem Schlag konnte sich der „Einschauer“ aufrichten, um an einer verräterischen Körperhaltung oder an einem bestimmten Gesichtsausdruck zu erkennen, wer zugeschlagen hatte. Doch jede eindeutig scheinende Gestik und Mimik war in der Regel eine Irreführung, so daß das Erraten keine leichte Sache war. Wurde der Schläger endlich erkannt, erging die Aufforderung gnadenlos an ihn: „Einschaun!"

Wer in diesem zweifellos rauhen Spiel eine reiche Erfahrung besaß, erkannte den Schläger – war dieser nicht ein Neuling – ziemlich rasch an der unverwechselbaren Art, wie er zulangte, oder an seinem geheuchelten Unschulds- oder übertriebenen Schuldgehabe in der Runde; wer unerfahren war und Pech im Raten hatte, der mußte zum unbarmherzigen Gaudium aller ebenso ein Dutzend und mehr Schläge hinnehmen. Diesem war dann tagelang das Sitzen verleidet, zumal sich in der Regel die Kräftigsten in besonderer Weise am Zuschlagen beteiligten.

Dieser Spaß wurde vor allem an den langen Winterabenden gepflogen, wenn die Burschen des Dorfes in einer Stube zusammenkamen, der Übermut groß und die Lust an einem fürwitzigen Zeitvertreib auch nicht gering war. Und dieses Spiel war vielen Sportarten nicht unähnlich: Man konnte Kraft zeigen, vor allem auch Mut. Man fand sich allerdings kaum einmal planmäßig zum Zwecke des Stockschlagens zusammen. Die Anregung dazu kam ganz unvermittelt aus der Runde, der allgemeine Entschluß folgte rasch. So wurden zuweilen neugierige Fremde einbezogen; und so erwischte es häufig auch jene Ängstlichen, die sich bisher von derlei Späßen lieber ferngehalten hatten. Diesen war freilich erst hinterher klar, warum sie ängstlich gewesen waren, und die Fremden konnten stolz erzählen, daß sie ein Abenteuer wacker überstanden hatten …

Nur bei der Totenwache war das Stockschlagen beinahe fixer Bestandteil – ausgerechnet bei dieser! Nach der üblichen Andacht mit Schmerzhaftem Rosenkranz, Allerheiligenlitanei und Gebeten für die Hausverstorbenen wurden Weinkrüge herumgereicht, die Mädchen nahmen das vorher schon begonnene Kränzebinden wieder auf und die Burschen fingen mit diesem lustigen Treiben an, das alsbald von lautem Geschrei und übermütigem Gelächter begleitet war.

Pietätlos! – Pietätlos? Ja, ist das nicht wirklich eine Geschmacklosigkeit verrohter Menschen? Eine irregeleitete Sitte, die man nicht mehr dem Brauchtum zuzählen kann? – Nein, man nahm dem Tod den Schrecken, indem man sich über ihn lustig machte: Wenn wir auch trauern, so lassen wir uns von der Trauer nicht unterkriegen! Schaut und hört – wir leben!

Ich erinnere mich an den ersten Abend der Totenwache nach dem plötzlichen Tod einer Bäuerin, die noch nicht viel über fünfzig gewesen war. Angesichts des ausgelassenen Treibens wurde eine der trauernden Töchter der Verstorbenen mitten im eigenen Lachen vom Schmerz überwältigt: „'s is so lustig! Daß d' Mama selber das nit mehr erleben kann!"

Das Stockschlagen ist allgemein nach und nach abgekommen, selbstverständlich auch bei der Totenwache. Es sei ein rechter Unfug gewesen, erinnern sich heute manche. Werden sie sich einmal auch an den abgekommenen Brauch der betenden Totenwacht erinnern müssen, da man den Tod nicht mehr verhöhnen wird, aber auch die Gestorbenen aus dem Leben verdrängt wird haben? Je ärmer das Volksleben wird, desto stiller und unfeierlicher gehen die Toten von uns.

Ausfahrt am Pfingstsonntag

Die uralte „Pfingstluken“ hat sich von ihrer ursprünglichen Ernsthaftigkeit über heitere, originelle Ausformungen gegendweise zu einem richtigen Volksspektakel entwickelt. Da werden in der Nacht auf Pfingstsonntag von den Burschen des Dorfes Fuhrwagen und allerlei Gerätschaften auf die öffentlichen Plätze geschleppt, Puppen auf Rauchfänge und an Hauswände gehängt, manch Tür und Tor verrammelt ... Und wer sich über einen solchen üblen Scherz lautstark ärgert, liefert sich auch noch selbst dem öffentlichen Gespött aus.

Denn in der Regel sind jene die bevorzugten Opfer solchen Schabernacks, die sich wegen eines eigenbrötlerischen, oft auch unrühmlichen Verhaltens nicht in die Gemeinschaft einfügen und deren überlieferten Grundsätze mißachten. Dem Teichjosl, dessen Gehöft in eine Häuserzeile ziemlich in der Dorfmitte eingezwängt war, sollte ein solcher nächtlicher Spaß einmal auch zur heilsamen Lehre dienen. So stand es jedenfalls im Sinn jener, die sich eine fürwitzige Bosheit hatten einfallen lassen. Der Teichjosl hatte nämlich die unselige und das öffentliche Ärgernis erregende Gewohnheit, nicht nur an jedem Sonn- und Feiertag während des ganzen Sommers, sondern auch am hohen Festtag des Heiligen Geistes mit seinem Traktor über den Dorfplatz zurück zum Kleeacker zu fahren, um Futter für sein Vieh zu holen. Ausgerechnet dann, wenn die Leute zum feierlichen Hochamt in die Kirche gingen.

Das allgemeine Geschimpfe bereitete ihm offensichtlich sogar ein unverschämtes Vergnügen.

Der Pfarrer versuchte einmal, das lahme Gewissen aufzurütteln: „'s ist ja nicht nur wegen des schlechten Beispiels, Teichjosl, man muß halt auch an seine eigene ewige Seligkeit denken."

Selbst der Bürgermeister meinte, diese Schande fürs ganze Dorf könne nur mit religiösen Ermahnungen getilgt werden: „Was du machst, is a Sünd wider den Heiligen Geist – a schwere Sünd!"

Des Teichjosls Antwort an die beiden: „Grad an hohen Festtagen soll auch 's Vieh 's Beste kriagn – a frisch Gmähtes."

So schlichen nun die Burschen des Dorfes in der Pfingstsamstagnacht in den Stadel des Teichjosls, wo der Traktor für den steten Einsatz, auch für den frevelhaften am hohen Festtag, bereit stand, und bockten ihn in unauffälliger Weise so auf, daß sich die Räder beim Start zwar drehen, das Gefährt aber nicht vom Fleck bringen sollten.

Es war wohl auch in der Absicht der Aktion gelegen, das Dorf davon zu unterrichten, freilich in ganz heimlicher Weise, damit dem Teichjosl davon nichts zu Ohren kam: Denn am Morgen des Pfingstsonntags versammelten sich auffallend viele Kirchgänger auf dem Platz vor seinem Hof. Sie hatten sich allerdings der Straße zugewandt, um nicht die besondere Aufmerksamkeit oder gar den Argwohn des Sonntagsschänders zu erwecken. Zu sehen würden sie ohnehin nicht viel bekommen, meinten sie, aber zu hören wollten sie's schon kriegen, was sich in allernächster Zeit da hinten im Stadel ereignen dürfte: zuerst das vergebliche Gedröhn des „standhaften" Traktors, dann das Fluchen des Bauern, der nach der Ursache der Widerspenstigkeit forscht … Doch in der Versammlung vorm Gehöft wurden derlei erregende Erwartungen bloß flüsternd geäußert. Sie redeten munter über den schönen, warmen Tag und das Heufechsen, über die ersten frühsommerlichen Dorffestlichkeiten und den närrischen Reiseverkehr, über die vielen weggezogenen Dörfler, die jetzt zu den Feiertagen hier auf Besuch weilten, und über den wettergrau gewordenen Kirchturm.

Dort hub plötzlich das Schwingen und Klingen der „Zsammläutglocken" an, und beunruhigt drehte man sich jetzt doch dem Hof zu, wo sich nichts rührte.

„Gemma in d' Kirchen", sagte der alte Launhans, der sich bei verschiedenen Anlässen als Vorbeter bewährte. „Da Teichjosl hat heut am End verschlafn."

Indes, gerade in diesem Augenblick tauchte der Genannte im Scheunentor auf und ratterte mit einem alten Schubkarren, auf welchem er Sense und Rechen gelegt hatte, in Richtung Straße.

„Magst heut do nit mit 'm Traktor fahrn?" höhnte der alte Launhans. „Is dir der Tag do z' heilig, was?"

Der Teichjosl hielt an, da er im Geratter seines Karrens die Frage nicht verstanden hatte. „Was hast gsagt, Launhans?"

„Daß d' heut nit mit 'm Traktor …"

„Jaja, hab allweil am Pfingstsonntag mit 'm Traktor 's Futter holen müaßn, obwohl sich das nit ghört: mit 'm Traktor!" tat der andere in einer Art von heiligem Zorn kund. „Aber wia sonst? D' Lausbuam haben alle Jahr mein Schubkarrn verzogen. Heuer haben s' endlich amol nix angstellt."

Zufrieden darüber, daß die Welt wieder um ein kleines Stück besser geworden ist, packte er den Karren und fuhr zurück zum Kleeacker.

Die fremde Melkerin

Die Krautschneiderin hatte sich beim morgendlichen Einheizen mit einem Fichtenspan in den Zeigefinger der rechten Hand gestochen. Da sie aber ganz und gar nicht wehleidig war, beachtete sie dies nicht weiter. Aber schon am Tag darauf war der Finger gräßlich angeschwollen, er war starr und schmerzte höllisch. Sie schmierte eine bewährte Haussalbe darüber und wickelte ihn fest ein – das kleine Mißgeschick hätte keine weitere Beachtung gefunden, wäre damit nicht ein weitaus größeres verbunden gewesen.

Im Stall gab's nämlich sechs Kühe, von denen vier gemolken werden mußten (zwei standen gerade trocken, weil sie hoch trächtig waren), und das zweimal am Tag, und diese Arbeit war beim Krautschneider seit Generationen Sache der Frauen. Früher hatte es die schlichte und niemals widersprochene Begründung dafür gegeben, Melken sei Weiberarbeit; jetzt hieß es vornehmer, auch bei der Stallarbeit müsse die Partnerschaft von Mann und Frau gelten, zumal ja auch über die Einnahmen aus derselben von beiden verfügt werde. Der Krautschneider hatte dieses Geschäft daher gar nie erlernt, und seine Frau besorgte es sogar freudig. Ihr käme es leicht an, versicherte sie, sie könne sich dabei richtig ausrasten und über mancherlei nachdenken. So hatte sie auch gar nie darauf gedrängt, daß eine Melkmaschine angeschafft werden sollte, obwohl ein Vertreter vom Lagerhaus schon mehrmals seine Beratung angeboten hatte.

Aber der verflixte wehe Zeigefinger führte nun zu schlimmer Ratlosigkeit, und für eine Zeitlang schien es sogar so, als hänge von diesem das Wohl und Wehe des Hofes ab. Denn der älteste der Buben war erst dreizehn und noch zu schwach bei den Fäusten, wenngleich ihn ansonsten noch kein ausgeprägter Männerstolz daran gehindert hätte, sich in eine Weiberarbeit einzuüben; zu den Nachbarn wollte und konnte man auch nicht alleweil um Hilfe betteln gehen.

Also überwand der Krautschneider Stolz und seine Art von Partnerschaftsdenken und versuchte sich einmal heimlich selber in der – seiner Meinung nach niederen – Kunst des Melkens. Doch die braven Kühe waren es gewohnt, daß sich das Mannsbild nur vorne an deren Futterkrippe oder ganz hinten auf dem Mistgang bewegte, und so litt es keine von ihnen, daß er sich am mehr oder minder prallen Euter zu schaffen machte. Der Krautschneider pirschte sich einmal langsam und leise mit Melkschemel und Eimer an die Seite der gemächlich fressenden Rinder heran, ein andermal trat er mit der Sicherheit des alltäglichen Schaffens hinzu, wie sie es wohl von seiner Frau gewohnt waren, sie wichen aber allemal hastig vom Fleck, geradezu zornig, wie ihm schien. Eigentlich hatte er die Bäuerin mit einem vollen Eimer Milch überraschen wollen („'s Melken is ja a Kindergspiel"), doch in seiner Not fiel ihm nichts anderes mehr ein als sie herbeizurufen. Aber auch ihre Gegenwart, ihr beruhigendes Klopfen auf den Hörnern und alles sanfte Zureden halfen nichts – die Rindviecher schlugen wild mit den Hinterbeinen aus, schleuderten den dumpf klirrenden Melkeimer durch den Stall und den fluchenden Melker in den Mist …

Irgendwie wurde das Unglück in der Nachbarschaft

lautmalig (bekannt, beredet). Das komme halt davon, wenn die Frau gutmütig und arbeitsam, der Mann hingegen rückständig und rücksichtslos sei, hieß es teils spottend, teils schadenfroh.

Und einmal wurde der Krautschneider hänselnd gefragt: „Geht dir 's Melken schon halbwegs von d' Hand?"

„Die Arbeit tu i mir nit mehr an."

„'s geht mir zwar nix an, aber fragen tu i halt, wer's nachher macht."

„I hab a fremde Melkerin eingstellt."

„A fremde Melkerin? Schau, schau! Ja, wen den, Krautschneider?"

„Ganz a noblani, mei Lieber!" Und dabei lächelte er geheimnisvoll.

Auch das mit der fremden Melkerin wurde lautmalig, und man rätselte, wer das wohl sein könne. Manche tippten auf eine Verwandte, die von irgendwoher auf Aushilfe gekommen sei, manche fragten, ob sich die Krautschneiderin vielleicht in Spitalsbehandlung begeben habe, wegen des Fingers, und daß der Mann, dieser Schlingel ... Nein, man traue ihm das sonst nicht zu, aber unter dem Vorwand der Not ...

Ein besonders neugieriger Nachbar schaute einmal abends zur Melkzeit in den Stall, weil er sich was ausleihen wollte, was er in Wahrheit gar nicht benötigte. Im dämmerigen Licht sah er den Bauern hinter den Kühen stehen, und er hörte ein ihm vertrautes feines Surren und dazu ein rhythmisches Saugen – eine Melkmaschine!

„Hiatz hast also doch ...", setzte der Nachbar überrascht zum Reden an.

„Ja, hätt nit denkt", fiel der Krautschneider gleich ein, „daß a narrisch weher Finger unsereinen auf so a kommode Sach bringt."

Das Kuhfenster getroffen

Der Christoffl Fritz war ein junger Schneidergsell aus dem Unterland, der noch ein rechter Wandervogel war. Länger als ein Jahr blieb er bei keinem Meister, dann packte er, von Fernweh und Abenteuerlust durchdrungen, seine wenigen Habseligkeiten zusammen und zog weiter. Wie's in früheren Zeiten halt gar nicht so selten war. So kam er auch ins Oberland, wo seine Wanderjahre durch eine seltsame Geschichte ein jähes Ende finden sollten.

Bei einem Tanz in den Mai lernte er Hannerl, das liebreizende Töchterchen eines wohlhabenden Bauern kennen. Er war gleich in sie vernarrt und bettelte sie an, ob er nicht auch in der Nacht einmal an ihr Fenster kommen könne. Sie gab sich zunächst spröde und ablehnend, doch als er von ihrem Bauernstolz zu reden anfing und sein eigenes Schicksal, nur ein armer Schneider zu sein, beklagte, schien sie ihren Sinn zu ändern. Sie verriet ihm, daß sie ohnehin nicht im Haus schlafe, weil sie einen ganzen Haufen kleinerer Geschwister hätte. Und das Fenster im Nebengebäude werde er leicht finden, denn es blühe ein Schneeballbusch davor.

Das Hannerl mochte aber den Schalk und die Boshaftigkeit mehr als den Fritz, für den sie jedoch nicht bloß deshalb wenig Herzensneigung empfand, weil er nur ein armer Schneider war. Hinter jenem Fenster war der Kuhstall, und darin hatte die Kuhdirn Kathi ihre Bettstatt. Und dieser trug das Hannerl auf, wenn sie einmal nächtlichen Besuch bekäme, dann solle sie sich als Hannerl melden und nur schön lieb tun und nicht sagen, daß sie nur Kuhdirn sei. Kathi war auch sonst sehr folgsam, in diesem Fall war sie es sogar gerne. So willigte sie geschwind ein, ließ sich noch in manchem unterweisen und merkte sich fleißig einige flotte Redeweisen, wie sie Hannerl zu eigen waren.

So kam es in einer duftdurchwehten Maiennacht im nachtdunklen Stallfenster zu einem aufregend merkwürdigen Liebesgeflüster zwischen Fritz und dem vermeintlichen Hannerl. Seine heißen Empfindungen verbrannten aber nicht ganz das nüchterne Denken im Burschen.

„Ganz allein bist ja nit da drinnen, Hannerl", fing er an.

„Ja, da hab i a ganz a liabe Gsellschaft: die Gretl, die Roserl, die Vroni, die Alma … soll i s' dir alle aufzähln, Fritz?" kam mit dem Stallgeruch die Frage aus dem Fenster.

„A liabe Gsellschaft … bei der muaß di aber fad werdn."

„Weil's lauter Weiber sind?" Das Mädchen lachte.

„Weil's lauter Viecher sind!"

„Wär's dir 'leicht liaba, da wärn meine Schwestern drinnen oder gar d' Muatta?"

„Da hast schon recht, Hannerl: Die Küah san ma hiatz liaba. Aber uans tut mi halt wundern: daß die Tochter von oan richtigen Bauern im Kuahstall schlafen muaß! Söll gibt's bei uns nur für d' Schuasta und Schneida, wenn 's im Haus koa Bettstott mehr gibt, und für d' Bettla."

„Bei uns im Oberland müaßn jungerweis alle 's gonz oanfoche Lebn durchmachn – da gibt's koan Unterschied nit. Fritzerl, dos is a Lebensschul."

Nein, eine so einfache Lebensart vermochte die Liebesglut in ihm nicht zu dämpfen, im Gegenteil, und längst war ein Funke auch auf Kathi übergesprungen, die für ihn freilich noch immer Hannerl hieß. Nach einer Reihe weiterer nächtlicher Flüstergespräche – der Schneeballbusch vorm Fenster war mittlerweile schon verblüht – beschlossen die beiden zu heiraten. Freilich konnte es jetzt nicht ausbleiben, daß nach den nächtlichen Begegnungen auch der hellichte Tag der Offenbarung kam und für ihn aus dem Bauerndirndl Hannerl die Kuhdirn Kathi wurde. Der Christoffl Fritz fluchte zunächst zwar darüber, buchstäblich hinters Licht geführt worden zu sein, aber weil die Kuhdirn nicht nur im Finstern lieb sein konnte, nahm er sie doch zur Frau.

Doch Happy-End war das keines. Zeitlebens mußte sich die Kathi bei jedem nichtigen Anlaß zum Zank anhören, wie er, ein redlicher Handwerksmann, der weiblichen Hinterlist zum Opfer gefallen sei und daß sie ohne diesen Sieg der Falschheit ihre Bettstatt wohl noch alleweil hinter einem Stallfenster haben würde.

Nicht von dieser, wohl aber von einer ganz ähnlichen Geschichte führt die geläufige Redewendung her, daß man bei einer Entscheidung, die sich hinterher als unglücklich erweist, „'s Kuhfenster troffen" habe. Denn nicht zufällig bezieht sie sich am häufigsten auf Heiratsentscheidungen.

Hochwürdige Originale

Die ländlichen Originale, leuchtende Geister und absonderliche Käuze, deren Verlust wir allenthalben beklagen, befanden sich nicht selten auch in den Pfarrhöfen oder vielmehr: Sie begaben sich von hier aus unters Volk. Sie gingen hin, um sich zunächst den Nöten und der Lasterhaftigkeit der Menschen zuzuwenden. Zuerst waren sie Leibsorger, zuletzt aber immer Seelsorger. Oftmals zeigte sich in ihnen selbst ein ganz ausgeprägtes Menschsein, in der Frömmigkeit ebenso wie in den Schwächen, und so wurden sie ganz fest in die Herzen der Gläubigen aufgenommen.

Meine Heimatpfarre St. Peter am Ottersbach leitete mehr als drei Jahrzehnte lang ein heiligmäßiger Geistlicher, von dem heute, weit mehr als ein halbes Jahrhundert später, noch erzählt wird, daß er durch seine grenzenlose Güte selber erbarmungswürdig verarmt sei. Als er ins Alter kam, hatte er nicht einmal mehr die nötigste Kleidung. Nachdem er all seine Wollsachen hergeschenkt hatte, die ihm von Frauen der Pfarre gestrickt worden waren, machte ihm seine Haushälterin Vorwürfe, daß er sein Gutsein oft schändlich ausnützen lasse. Er rechtfertigte sich daraufhin damit, daß er's doch beschämend kommod habe: Auch bei schlimmster Kälte habe er nur ein paar Schritte hinüber zur Kirche, während viele andere eine Stunde und länger auf dem Weg hierher zu frieren hätten. Doch an manch kaltem Wintermorgen sah man den Pfarrer mit einem Büschel Zeitungen unterm

Arm in die damals noch unbeheizte Kirche eilen. In der Sakristei ließ er sich von den Ministranten den Talar mit Papier ausstopfen. Es folgte stets eine buchstäblich rauschende, knisternde Meßfeier …

Bald nach dem Krieg kam ein Kaplan zu uns, der sich nicht nur den Abgründen und Tiefen der Seelen verstehend und helfend zuneigte, sondern der sich als Naturforscher auch in den Schluchten und Gräben unseres Hügellandes herumtummelte, in den Wäldern und an den Sümpfen, in den Weingärten und an den Bachläufen. Als Katechet schilderte er uns in der Schule die Größe der Schöpfung am Beispiel jener kleinen Dinge, die er tags zuvor auf seinen Wanderungen aufgelesen hatte: seltsame Steine und bunte Vogelfedern, Galläpfel und uns unbekannte Kräuter. Einmal war auch ein unscheinbar weiß blühendes Kräutlein darunter, das er uns mit kindlichem Stolz zeigte. Das hatte nämlich in der weiten Gegend noch niemand gefunden, und er nannte es Knöllchenmiere. Manchmal brachte er die Blumen, Kräuter und Gräser, die er von seinen botanischen Streifzügen heimgebracht hatte, zum Altar, um so dem Schöpfer den Dank darzubringen. Aber dafür hatten die Leute kein Verständnis: Dem Allerhöchsten gebührten die allerschönsten Blumen aus dem vom Menschen geschaffenen Garten. Nur einer von uns Buben, der am Altar auch als Ministrant dem Katecheten folgte, ließ seinen Blick dermaßen für die Wunder der Natur erschließen, daß er einen Weg ging, der ihn zu wissenschaftlichen Höhen führte.

In dem in unserer Nachbarschaft gelegenen Kirchlein Dietersdorf am Gnasbach war bis zu seinem Tod im hohen Alter ein pensionierter Pfarrer tätig, dessen außerordentliche Frömmigkeit mich als Zwölfjährigen so sehr berührte, daß ich meine Sündhaftigkeit nur in einer

Beichte bei ihm einzugestehen vermochte. Da er aber nur vor der Messe im Beichtstuhl saß, mußte man schon sehr früh in die Kirche kommen. So kam ich einmal zur Beichte zu spät. Da ich mich während des Kirchganges jedoch dazu durchgerungen hatte, meine Sünden abzuladen, faßte ich nach dem Gottesdienst allen Mut und bat den Pfarrer, jetzt für mich nochmals in den Beichtstuhl zu gehen. Das tat er freudig, aber danach bestand er darauf, ich müsse auch noch die Kommunion empfangen. Ich fand kein Wort der Zustimmung, ich dachte bloß: Kommunion, das ist doch etwas, wo man mit vielen, vielen Menschen nach vorne geht, während die Orgel spielt und der Chor singt. Oh, ich war nun halb betäubt vor Verwirrung und Seligkeit: Ich war ganz allein in der Kirche, und der alte Pfarrer klingelte und trat nur für mich hin zum Tabernakel.

Nicht ganz so fromm gab sich ein anderer pensionierter Pfarrer, der in Graz wohnte, an jedem Sonntag auf dem Land – sehr häufig bei uns im Südoststeirischen – Aushilfsdienste versah und dann als Autostopper zurück nach Graz fuhr. So las auch ich ihn an einem heißen Sonntagnachmittag im Juli einmal auf der Straße auf.

„Am schlimmsten ist allweil das lange Beichtstuhlsitzen“, fing er zu schimpfen an. „Bei der Hitz!“

„Gehn die Leut viel zur Beicht?“ wollte ich wissen.

„Haufenweis! Dabei haben s’ eh keine Sünden. Weiß nicht, für wen ich im Beichtstuhl Buß tun muß. Und heut hab ich auch noch ’s Kollar vergessen ghabt.“

Ich schaute ihn an. „Aber Sie haben doch eins um.“

Er nahm es mit einem raschen Ruck ab und knüllte es zusammen. Aus weißem Papier habe er sich schnell eines geformt, berichtete er mir, im Schweiß sei es aber bald ganz pappig geworden.

Immerhin hatte er gewußt, dachte ich, was er diesen frommen Leuten schuldig war.

Von einem Geistlichen ist bei uns überliefert – er muß wohl auch hier gewirkt haben, denn in anderen Gegenden ist dieses Geschichtchen unbekannt –, daß er an einem eiskalten Sonntagmorgen während der Frühmesse zwar auf den Predigtstuhl gestiegen sei, dann aber nur dies gesagt habe:

„Heut ist's so kalt und kühl,
da gibt's viel leere Stühl.
Mir ist's z' kalt zum Predigen,
enk ist's z' kalt zum Losen (Zuhören). Amen."

Die neue Kegelbahn

An den Krügelwirt reicht ein kleiner Buchenwald heran, Riesenbäume stehen darin, aber das vom Dorf abgelegene Gasthaus soll noch älter sein als jene. Und seit Menschengedenken hatte in den Wald hinein eine mit Brettern überdachte Kegelbahn geführt, und wer ein richtiges Mannsbild gewesen war, hatte sich hier wenigstens an jedem Sonntagnachmittag eingefunden.

Als dann irgendwann in den fünfziger Jahren in der Umgebung die erste elektrisch betriebene Anlage aufkam, gingen alle Kegelbrüder dorthin, und beim Krügelwirt erinnerte schon nach wenigen Jahren nichts mehr an das vergnügliche Treiben im Schatten der mächtigen Buchen.

Einer konnte das alles aber nicht vergessen: der Greitweber Simmerl. Fast allemal, wenn er hierher kam, um in der alten, dunklen Gaststube ein Bier zu trinken, ging er abschließend zurück zum Wald, wo die Kegelbahn gewesen war, und versank im Erinnern. Schon als Bub hatte er sich hier beim Kegelaufsetzen an jedem Sonntag ein Kracherl und häufig auch ein wenig Geld verdient. Und als er später im Dorf Knecht gewesen war, hatten allemal seine Kameraden zahlen müssen, was er gegessen und getrunken hatte – ein solcher Meisterkegler war er gewesen.

Doch einmal fand er den Platz seiner Erinnerungen grausam verändert: Es war daraus eine Baustelle geworden. Und schon nach wenigen Monaten befand sich hier eine dreibahnige elektrisch betriebene Kegelbahn: Der

Krügelwirt hatte seine alte Gastwirtschaft umgebaut, ein Stück des Buchenwaldes geschlägert und den alten und jungen Kegelbrüdern eine neue Heimstatt geschaffen.

Am festlichen Eröffnungstag gab's ein wildes Gedränge. Dumpfes Rollen. Hölzernes Geklirre. Enttäuschungs-Fluchen. Schadenfreude-Gelächter. Niemand brauchte etwas zu bezahlen, außer das Bier, um das gekegelt wurde.

Der Simmerl schaute dem lauten Treiben vor dem bunten Lichtgeflimmer interessiert zu. Er empfand für diese Veränderung der uralten Stätte des Kegelvergnügens Verachtung und Neugierde zugleich.

Die wiederholte Aufforderung an ihn, doch auch mitzumachen, drang daher in seinen Zwiespalt ein. Dazu kam noch eines: Der Simmerl arbeitete längst in einem Lagerhaus und verdiente gut, aber man wußte, daß ihn das Verlieren schwer ankam – wegen des Zahlens. Er zahlte nicht gerne, und beim Kegeln war er seinerzeit nie in diese Verlegenheit gekommen.

„Nur um oan Doppelliter scheib ma!“ hieß es aufmunternd. „Bist ja allweil a Meister gwesen!“

Trotz seines Argwohns flammte im Simmerl kurz die noch nicht völlig erloschene Keglerleidenschaft auf. Er trat an die Bahn, schwang die Kugel ... Daß er dann selbstverständlich unterlag, war in Wahrheit nicht dem „neumodischen Teufelsgspiel“, wie er sich rechtfertigend ausdrückte, zuzuschreiben, sondern der verkümmerten Geschicklichkeit des auch nicht mehr ganz jungen Mannes.

„Aber hiatz laßt mi zerst trinken“, bettelte er in seinem kaum unterdrückbaren Kummer, als der Doppelliterkrug herbeischwebte.

„Wirst 'n wohl nit glei aussaufen!“ hieß es, nachdem

ihm als verständnisvolle und tröstende Geste der Krug zuerst gereicht worden war. Der Simmerl betrachtete kurz das schaumgekrönte Gold des Bieres voll Zärtlichkeit, dann gab er sich dem Genusse hin. Danach geschah Seltsames: Allen, denen er den Krug reichen wollte, wiesen ihn zurück: „Hiatz kannst 'n behalten!"

So plagte sich der Simmerl damit ab, allein den Krug zu leeren, um sodann wankend die Kegelbahn zu verlassen.

Unbeteiligte Zuschauer glaubten aber folgendes beobachtet zu haben, was sie im Dorf auch weitererzählten: Der Greitweber Simmerl, dieser alte vermaledeite Kegelbruder, habe auf Anhieb die Partie gewonnen, doch am Bier habe er den Verlierern keinen Anteil gegönnt, da sei ihm ein handsamer Rausch wichtiger gewesen. Als ihm das zu Ohren kam, kränkte er sich darüber so sehr, daß er selber ein Gerücht bestätigte, das im Umlauf war: Als er so hingebungsvoll den Antrunk vorgenommen habe, sei sein künstliches Gebiß ins Bier gefallen – ein schlimmes Mißgeschick sei's halt gewesen. Letzteres wollte niemand glauben, und so hatte es ihm keine Ehre, sondern nur Ärger eingebracht, das „neumodische Teufelsgspiel".

Die alten Koglweber-Leut auf Urlaub

Er war schon etliches über siebzig, und sie war nahe daran – jetzt hatten sich die beiden alten Koglweber-Leut zu ihrem ersten Urlaub entschlossen. Sie war alleweil der unumstößlichen Meinung gewesen, Haus und Hof müßten in ihrer Abwesenheit heillos verkommen; er hatte diese Befürchtung geteilt und zudem daran erinnert, im Krieg schon mehr als genug in der Welt herumgekommen zu sein. Doch jetzt war den beiden plötzlich der übermütige Gedanke eingeschossen, einmal für kurze Zeit wegzufahren, um zu sehen, wie die Jungen daheim allein zurechtkämen. „Wie wär's, wenn wir zwoa amol gach für längere Zeit krank wärn“, sagte der alte Koglweber gleichsam zur Entschuldigung zu den Jungen, nachdem er ihnen den Entschluß, Urlaub zu machen, vorgetragen hatte. Und dann war er fast gekränkt, als der Sohn, schon einiges über vierzig, nicht widersprach, sondern vielmehr lebhaft beipflichtete: „Habt's recht, schaut's enk einmal a andere Gegend an!“

Weit fort brachte sie dieser Urlaub ohnehin nicht. Der alte Koglweber hatte am Kärntner Faakersee eine entfernte Verwandte, welche dort eine kleine Landwirtschaft besaß und mit ihrem Mann eine Gästebeherbung betrieb; dort hatte er schon zu Ostern für August ein Zweibettzimmer für eine Woche reservieren lassen. („Wenn wir zwei bis dahin halt gsund bleiben“, hatte er im Brief noch hinzugefügt.)

Sie hatten gehofft, an ihrem Urlaubsort im Stall und

draußen ein wenig mithelfen zu können, aber die Beherberger hatten Feld und Wiesen längst verpachtet und aus den Stallungen Garagen für die Urlauber gemacht. So blieb den alten Koglweber-Leuten gar nichts anderes übrig, als das absolute Nichtstun zu genießen, und dazu zählten auch die kleinen Spaziergänge.

„Hiatz rast ma amol“, sagte der alte Koglweber in einer Weise, aus der die Erfüllung einer Lebenssehnsucht sprach, nachdem sich die beiden an einem Waldrand auf einer Bank niedergelassen hatten. „Haben uns eh ein Leben lang nix wie gschunden.“

Vor ihnen flimmerte schon die Vormittagsglut, der Wald hinter ihnen fächerte Kühle heraus. Kreischende Häher im dunklen Geäst, schreiende Kinder im Untergehölz, die nach Pilzen oder Schwarzbeeren suchten.

„Das is wohl wahr“, stimmte die alte Koglweberin nach einer Weile heiter ein und fügte gleich das Gekicher des Unbegreifens hinzu. „Hätt mei Lebtag nit glaubt, daß wir zwoa amol auf Urlaub fahren werden.“

„Jo, hat nie nit danach ausgschaut.“

„Haben an solche Sachen nit amol denken können.“

„Hätten auch nit's Geld ghabt.“

„Daß 's hiatz die alten Bauersleut wenigstens im Alter besser haben, indem s' a Rente kriegen!“

„Aber hättst dich selm halt von der Arbeit und den Pflichten losreißen mögen, Resl? Zerst sind die Kinder klein gwesen …“

„… und nachher sind all unsere Dienstleut weggangen, i woaß.“

„Und wir san die ganze Zeit über bei der Arbeit ghängt.“

„Und haben nit an Urlaub und sowas denken können. Oder daß ma amol wohin fahren könntn.“

„Jo, für uns hat's allweil nur ghoaßn: Rackern und sparn!"

Als der alte Koglweber jetzt die Kinder wieder schreien hörte, dachte er: Das Schwammsuchen ist immer mein einziges Vergnügen gewesen, aber dafür hatte er auch nur an Regentagen Zeit gehabt. Doch er redete nicht darüber, und es tat ihm leid, jetzt ans Rackern und Sparen erinnert zu haben. Er wollte noch geschwind hinzufügen: „'s hat freili auch schiane Zeitn geben, daß ma 's nit verlaugnen (verleugnen)", aber da nickte seine Frau lebhaft und zugleich irgendwie müde.

„Jo, so hat unser Leben ausgschaut." Und nach kurzem Schweigen: „Wohl, alle zwoa Joahr hast mi nach Mariazell fahrn laßn, Hans."

„Laßn ...!" empörte er sich rasch. „Tuast so, Resl, als ob i di sonst allweil zrückghaltn hätt!"

„Frei bin i nia nit gwesen – viel nit, das muaßt gwiß zugeben, Hans."

„Sakra! Bin halt i viel frei gwesen?"

„Am Sonntagnachmittag hast allweil ausgehn können, und manchsmal auch auf d' Nacht."

„Hat di daheim wer anbunden?"

„Hab daheim derweil 's Gwand gnäht und gflickt."

„Weil unsere Dirndln z' fein gwesen san dafür – hast sie fortlaufen lassen!"

„Hätt i sie halt a einsperrn solln?"

„Willst damit sagen, daß i di eingsperrt hab, ha?"

Er stand zornig auf, und sie sah bekümmert in die Weite. Hinter dem niedrigen grünen Hügel lag hingebreitet wie ein Stück vom blauen Himmel der Faakersee, aber auf den hatten sie vergessen.

Der alte Koglweber wandte sich von ihr ab und redete in die Weite hinaus, als wolle er das fremde

Schweigen hinter sich nicht stören: „Meiner Söl! Weil wir zwoa hiatz nix zum Arbeiten haben, reden wir allweil nur darüber, wia schlecht 's uns gangen is! Und hiatz kemm ma a noch zum Streiten …"

Der Urlaub freute beide nicht mehr. Die alten Koglweber-Leut fuhren noch am darauffolgenden Tag heim, wo sie gleich übereinstimmend feststellten, daß während ihrer nur dreitägigen Abwesenheit etliche Ordnungsarbeiten unterblieben waren. Auch wenn sie darüber jammerten, so machte sie das insgeheim doch glücklich und zufrieden.

Bei der Großen Buche

Er wollte über Khünegg nach Helfbrunn wandern, doch als er von der Höhe aus den weiten Wald sah, der dazwischen lag und sich übers ganze Murtal hin auszubreiten schien, dürfte ihn Besorgnis oder gar Angst befallen haben, den richtigen Weg zu verfehlen. Bei einem Keller traf er auf einen alten Khünegger, den er fragte, wie er am besten nach Helfbrunn käme. Dieser wies über den südlichen Abhang hinab: „Am gscheitsten nehmen S' den Weg, der glei unterm Moarhans in den Wald einigeht."

Der Fremde ging, nachdem er ein kleines Krügel Wein getrunken hatte, in die ihm gewiesene Richtung und kam zu einem Gehöft, wo er fragte, ob er da beim Moarhans sei.

„Da sind S' aber spät dran!" sagte man ihm ohne jeden spöttischen Unterton. „Wohl, das Haus, was S' meinen, hat's schon geben! Is glei da unten gstanden, bis nach 'm Krieg. Aber heut finden S' koan Ziagl mehr davon."

Ja, auch in unserer raschlebigen Zeit mit all der Flüchtigkeit haben sich Namen und Bezeichnungen unauslöschbar bewahrt, die, zum Teil vor Jahrhunderten entstanden, für Generationen vertraute und selbstverständliche Orientierungshilfen waren und als solche auch überliefert wurden. Und nicht selten bedient man sich ihrer auch noch heute. Aber es sind unsichtbar gewordene Merkmale in der Landschaft, deren Benennungen geheimnisvoll erscheinen, weil das Benannte in die Vergangenheit eingesunken ist, und nur für die Einheimischen sind es gelegentliche Verständigungshilfen.

Gleich unterhalb vom Moarhans nennt sich ein Ried Birgler-Greith, was besagt, daß es sich um ein Gereute, also eine Rodung, des vulgo Birgler handelt. Tatsächlich war hier einstmals am Waldrand ein einsamer Wiesenfleck gewesen, der offenbar dem Wald abgerungen worden war und den sich der Wald wieder geholt hatte: Längst ist er von einem Junggehölz zugewachsen.

Umgekehrt blieb bei uns ein Flurname erhalten, der sich von einem zum Bauerngehöft vulgo Krottmoar gehörenden Waldstück ableitete. Mit seinen urtümlichen Eichen und Buchen hatte es sich von einer Senke her auf einen mit Obst und Wein bepflanzten Hang hinaufgeschoben und war in den fünfziger Jahren gerodet worden. Aber man spricht heute immer noch vom Krottmoar-Oacha (Eichenwald), obgleich der satte Wiesenboden den Waldgrund nicht mehr ahnen läßt.

Ein Teilstück der schmalen Straße, durch die meine Heimatortschaft für den modernen Verkehr erschlossen worden war, nennt sich Tiefer Weg. Auch dieser Name weist weit in die Vergangenheit. Im Laufe von Jahrhunderten hatten Fuhrwagen und Regengüsse einen Hohlweg in den Berghang hineingeschnitten, der schließlich so tief und so eng und von Riesenbäumen überwachsen war, daß das ganze Jahr über kein Sonnenstrahl hereinfiel. Bald werden es vier Jahrzehnte her sein, daß ein Caterpillar diese gemeinsam von Mensch und Wetter in die Landschaft gezeichnete Spur verschüttete, um die neue Fahrbahn in lichte Höhen zu heben; lediglich eine Rinne entlang der Straße läßt noch eine Vorstellung von den dunklen Tiefen zu. Nicht verschüttet werden konnte jedenfalls die von Generationen geprägte Benennung.

Und irgendwo in jenem weiten Wald gegen das Murtal zu, den Wege in alle Richtungen hin durchqueren, steht die Große Buche. Dem man sie aber als wegweisende Hilfe nennt, muß unweigerlich in die Irre gehen. Denn das Monster eines Baumes, dessen Stamm nur drei Mannsbilder gemeinsam hätten umfassen können, wird bloß noch in der Überlieferung beschrieben, und das vor etlichen Jahren an der nämlichen Stelle gepflanzte Bäumchen dürfte wohl erst in fernen Zeiten der – möglicherweise – bis dahin bewahrten Bezeichnung gerecht werden.

Wenn Waschtag war

Den Luxus vollkommener Hygiene konnten wir uns einstens nicht leisten, und das Bedürfnis danach war auch keineswegs ungestüm. Erstens hatten wir nicht das Geld, um, was das Wäschewaschen anging, ständig die reinigungskräftigen, duftenden Segnungen der Waschmittelindustrie kaufen zu können, und zweitens war damals in Khünegg die Wasserversorgung noch dermaßen mangelhaft, daß sich die Waschtage nach den Regentagen zu richten hatten.

Somit gab es etwa allmonatlich eine „große Wäsch" – im Winter und in den großen Trockenperioden des Sommers waren die Zeitabstände noch größer –, vor der die Mutter aus Regenwasser, Soda und Holzasche eine Lauge anrührte, um damit die Schmutzwäsche über Nacht in einem ovalen Zuber einzuweichen. Üblicherweise gab es für das Sechten, wie dieser Vorgang hieß, einen eigenen Zuber, der unten ein Abflußloch hatte. Indes, derlei Besonderheiten konnten wir uns nicht leisten; das Gefäß hatte auch beim Mostpressen, Krauteinschaben und anderen Arbeiten seine Dienste zu leisten. Am folgenden Tag wurde mit heißem Wasser eine frische Lauge bereitet, dann wurde den ganzen Vormittag lang im Zuber gerumpelt, geschlagen und „gepracht" (mit einem Brettchen geklopft).

Freilich fand sich im Wäscheberg kaum einmal etwas Blütenweißes; Weißwäsche war nichts für den Alltag, und dazu zählte auch ein gewöhnlicher Sonntag. Das Weiß schmückte den Menschen bloß zu wichtigen persönlichen Anlässen: bei Taufe, Erstkommunion, Firmung und Hochzeit. Und auf der Totenbahre, wo er in hellste Tücher, die in jedem Haus eigens dafür verwahrt wurden, zu betten war.

Für die wichtigste Überlegung beim Kauf eines Hemdes, einer Bluse, eines Kopftuches oder von Bettzeug hatte man sich sogar einer „feineren" Ausdrucksweise bedient: Man fragte nicht: „Wird's wohl nit gschwind dreckig?", sondern sagte: „Daß 's nur nit schmutzempfindlich is!"

Die Beschäftigung in der zweiten Hälfte des Waschtages bestand darin, daß die herb nach Lauge riechende Wäsche in Körben auf den Schubkarren geladen wurde, und damit ging's in eine Waldschlucht, wo in den Hang hinein ein Brünnlein gegraben war. Daheim hatten wir in Hofnähe nur einen Teich mit trübem Wasser fürs Vieh; das Wasser für die Küche, das wir ehrfürchtig „Kochwasser" nannten, holten wir aus einem gemeinschaftlichen Ziehbrunnen am Waldrand. Es war eine kluge, alte Übung, das Wasser zum Wäscheschwemmen nicht nach Hause zu schleppen, sondern die Wäsche zum Wasser zu bringen. Im Winter bei tiefem Schnee war das freilich kein Vergnügen.

Obgleich wir beiden Buben schon in früher Kindheit in die Tiefen des an unsere Äcker angrenzenden Waldes vorgedrungen waren, endete für uns jeder Waschtag doch nur deshalb schön, weil wir die Mutter zum Brünnlein begleiten durften. Und während sie im klaren, fließenden Wasser den letzten Schmutz und den Laugengeruch aus der Wäsche schwemmte, trieb ich mich mit meinem Bruder Loisl in der grün durchwucherten Schlucht herum. Unter Hollergesträuch fanden wir Dachshöhlen, und in dem am Grund dahinfließenden Bächlein lag noch manches Kriegsgerät. Und dann wußten wir einen schmalen Steilhang, wo über den blaugrauen Opok (eine Mergelart) ein Wässerchen sickerte – da konnte man so herrlich in die Tiefe rutschen! – Im Winter, wenn es frostig und die Waldschlucht mit Schnee verweht war, blieben wir daheim. Die Mutter nahm ein Kännchen mit heißem Wasser mit, mit dem erwärmte sie sich während des Schwemmens im eiskalten Wasser die Hände.

In einem regenreichen Sommer kam es in der Schlucht zu einer Erdrutschung; die Wasserquelle wurde verlegt, und unser Brünnlein blieb trocken. Wir mußten fortan mit unserer Wäsche zu einem Teich gehen, der sich, fast ganz von dichtem Weidengebüsch umschlossen, einsam in einer Wiesensenke befand. Er war weit vom Gehöft vulgo Blasen abgelegen und wurde daher kaum genutzt. Wir Buben hatten daher in diesen Teich Fische getan, die wir im Bach unten im Tal gefangen hatten und die hier in dem von Heuschrecken umschwirrten Gewässer gut gediehen. Als wir aber einmal mit unserer Wäsche herankamen, fanden wir alle Fische, die weißen Bäuche nach oben gekehrt, tot auf dem Wasser.

Es ging bald darauf die Rede, ein bestimmtes, als nicht sehr sparfreudig bekanntes Weibsbild leiste sich seit einiger Zeit den Luxus, Waschpulver zu kaufen. Man rieche das auch an ihrem Gewand – ja, es „schmecke“ (damit meinte man auch riechen) ganz nobel, aber gesund sei es nicht. Jetzt sehe man es ja: Man habe sie beim Schwemmen im Blasenteich beobachtet, und jetzt seien die Fische hin.

Doch die argwöhnische Feindseligkeit gegenüber der Chemie wich bald der Bequemlichkeit und der Gewohnheit.

Die alten Baumeister

„Wie aus dem Boden gewachsen!“ sagte der Fremde staunend und ergriffen, als er vor dem Eckschuster seiner alten Keusche stand.

Der Eckschuster, der neben dem Weg, auf dem der Fremde gekommen war, seinen Pkw polierte, empfand das Staunen als Spötteln, so daß er ein bißchen gereizt und ein bißchen verlegen erwiderte: „Hätt eh schon längst weggrißn ghört!“

Der Fremde ging wortlos näher an die unbewohnte und daher schon verwahrloste Behausung heran. Sie war vor Jahrhunderten aus grob behackten Baumstämmen aufgeführt worden, die Wände, in denen putzige Fensterchen eingeschnitten waren, hatten einen derben Verputz aus Lehm, in welchen Stroh-„Ghack“ eingeknetet worden war, und das Dach war aus aschgrauem Roggenstroh, vom Sturm ein wenig zerzaust und dazwischen mit kleinen, immergrünen Moospolstern besetzt. Und darüber streckte ein uralter Birnbaum sein krauses Geäst: beschützend, gleichsam liebkosend.

Ja, wie aus dem Boden gewachsen! Denn aus ihm war diese Behausung geformt. Selbst die Ziegel für die rußkrustige Rauchküche, den zentralen Befeuerungsraum, für Herd und Backofen waren aus dem Lehm der unmittelbaren Umgebung geschlagen und gebrannt worden. Einzig der Kalk, mit dem die buckligen Wände schlicht, aber leuchtend geweißt worden waren, war fremdes Material. Er war durch mehr als hundert Jahre in

Fässern herbeigeschafft und in Gruben eingelöscht worden, nachdem man zuvor auch für den Anstrich aufgeweichten heimischen Opok genommen hatte.

„Aus der Natur herausgehoben, sich aber nicht hochmütig über sie erhebend", sprach der Fremde feierlich vor sich hin.

„San halt nur oanfoche Handwerksleut gwesen selm", erläuterte der Eckschuster.

„Baumeister sind das noch gewesen, Baumeister!" bekräftigte der Fremde. Er war schon von mancher dem Himmel zustrebenden Kathedrale überwältigt gewesen, viele traumschöne Prunkschlösser hatte er bestaunt, auch die alten Bauern- und Bürgerhäuser in den Dörfern, Märkten und Kleinstädten fanden wegen ihrer biederen Eleganz seinen Gefallen, und selbst mancher modernen Architektur brachte er bewundernden Respekt entgegen. Doch hier meinte er den Ursprung jeglicher Baukultur bewahrt zu sehen: durch die vollkommene Nähe zur Natur und zum gestaltenden Menschen. Beim Bau einer Keusche hat der Mensch Maß an seinen wahren Bedürfnissen genommen.

„Baumeister hat's selm bei uns gwiß noch gar keinen nit gebn", widersprach nachsichtig lächelnd der Eckschuster, der nebenan längst ein hoch aufragendes Haus mit weiten Fenstern im glatten Gemäuer hingebaut hatte. „Und 'n Bauplan hat selm wohl auch keiner kennt."

„Der Plan ist in diesem Haus drinnen", sagte der Fremde in geheimnisvoller Weise.

Jetzt lachte der andere laut auf. „Die ham baut, wie's ihnen grad eingfalln is – so is's gwesen!"

„An diesem Haus ist kein hölzerner Nagel ohne Plan gemacht!" beharrte der Fremde. „Ohne ihn ist kein Balken auf den anderen gesetzt, kein Büschel Stroh auf dem Dach. Wer es einmal niederreißt, wird das wohl sehen.“

Der Eckschuster riß die Keusche bald darauf nieder, weil er den Hofplatz erweitern wollte. Es blieb nichts von der nach den Bauerfahrungen unzähliger Generationen aufgefügten Behausung: Das Dachstroh streute man dem Vieh unter, das in Jahrhunderten dürr gewordene Holz kam in den Ofen, der trockene Lehm wurde wieder zu Erde, und mit den wenigen Ziegeln wurde ein Hohlweg angefüllt. Das Bauwerk sank in den Boden zurück, aus dem es einstens gewachsen war. Dem Eckschuster fehlte es plötzlich. Es war ein Teil seiner Mitwelt, wenn nicht gar ein Teil seiner Weltmitte gewesen. Erst nach längerer Zeit sprach er aus, was ihm von Anfang an in den Sinn gekommen war: „Irgendwie is's bei uns hiatz ganz fremd gworden.“

Unterhaltsame Wallfahrt

So weit die Überlieferung zurückreicht, pilgerten die Khünegger am Großen Frauentag (Mariä Himmelfahrt) zur kleinen Wallfahrtskirche Helfbrunn. Wahrscheinlich war diese religiöse Übung auf ein Gelöbnis zurückzuführen; welche Heimsuchung diesem vorausgegangen war, ließ sich nicht mehr erfragen. Jedenfalls vermochten weder Regenschauer noch sengende Hitze, noch mancherlei körperliche Gebrechen die Khünegger von der Teilnahme an der mehr als zweistündigen Wanderung zu dem an den Rand des Murtales hingerückten Gnadenort abzuhalten.

Der Prozessionsweg führte von unserer Höhe durch finstere Wälder und überhelle und einsam gelegene Wieseninseln sanft und kaum merkbar hinab in die Niederung. Da unterwegs alle drei Rosenkränze gebetet wurden, sollte die Prozession auch im rechten Geist frommer Buße erfolgen. Wir Buben zwischen sieben und vierzehn Jahren, die wir als geschlossenes Schöcklein voranzogen, empfanden dafür freilich keinen Sinn. Beim Freudenreichen Rosenkranz, mit dem wir unsere Pilgerwanderung eröffneten, gingen wir noch recht gesittet einher, als wir dann aber in die uns schon fremden, ebenen Waldwege kamen und uns das heimliche Ausschauhalten nach Eichhörnchen und Füchsen, nach Schwarzbeeren und Schwämmen langweilte, verfielen wir auf eine gar sportliche Unterhaltung.

In den Vortagen mußte ein schwerer Regen niedergegangen sein, denn auf dem Weg stießen wir auf kleinere und größere Pfützen, in denen sich Unken und Frösche tummelten. Statt diese Tümpel sorgsam zu umgehen, hatte jemand von uns übermütig den Einfall, über sie hinwegzuspringen. Das sah immer sehr spaßig aus, und wir kümmerten uns bald nicht mehr um die uns nachfolgenden Beter, sondern wetteiferten darin, wer bei den Sprüngen weiter kam. Unser Vorbeter namens Birgler, ein großer und strenger Mann, hätte uns bestimmt nachhaltig zurechtgewiesen, aber er war weit hinten in der Prozession, zwischen den Manns- und Weibsbildern, die ja in getrennten Gruppen gingen, und damit waren wir mit unserem fürwitzigen Treiben außerhalb seiner Reichweite. Wohl vernahmen unsere Ohren manche verhaltene „Ghörtsinit"-Zurufe, aber sie kamen von Leuten, die während des Betens selber gerne über das Grummetfechsen und Mostmachen, über das Streurechen und Erdäpfelgraben redeten.

Unsere andachtsferne Unterhaltung wurde schließlich dadurch beendet, daß einer nach erfolgtem Sprung im schmierigen Lehm ausrutschte und zurück in die „Krotnlackn" plumpste. Wir ließen jetzt von den sportlichen Übungen ab und wandten uns in derb unterhaltender Weise dem patschnassen Kameraden zu, der wacker zwischen uns herschritt und aus dessen halblangen Hosen Schlamm und Wasser flossen. Es war ein sichtbares Lechzen nach der schon nahen geheiligten Quelle von reinigendem Wasser …

Aber der Augusttag war heiß, und während der Wallfahrermesse im Freien strich ein warmer Wind über den Helfbrunner Hügel, so daß der Bub schon wieder trocken war, als wir uns anschließend ins Gedränge zwischen den Zuckerl-, Lebzelt- und sonstigen Standln begaben. Jetzt war ich übrigens an der Seite meiner Mutter, denn sie zahlte mir ein kleines leckeres Eis, und beim Ziegelwirt, der später mit der Ziegelei abkam, aßen wir noch eine kräftigende Rindsuppe, in die wir eine Semmel brockten, und tranken ein picksüßes Kracherl.

Auf dem Heimweg fiel mir bei der ersten Pfütze der unterhaltsame Herweg ein. Das stimmte mich umso trauriger, als dieser Gang jetzt nur verdrießlich zu machen schien: Müdigkeit und Durst quälten mich ebenso wie der Umstand, unter lauter erwachsenen Leuten gehen zu müssen, und plötzlich war auch der Birgler hinter mir, beutelte mich und sagte: „Lausbua, woaßt nit, was sich bei einer Wallfahrt ghört?"

Bis nach Hause brannte dann Bitterkeit in mir, weil nur ich für die Ungehörigkeiten bestraft worden war, wie ich vermeinte. Erst später wurde mir einmal das tröstliche Wissen zuteil, daß unser Vorbeter auch die anderen gebeutelt hatte.

Geteilte Erntefreuden

Sie war eine einfache Frau, eine herzensgute Bäuerin, die mehr die Kargheit als die Überfülle eines bäuerlichen Daseins kennengelernt hatte. Dennoch war ihre Freigebigkeit weitum bekannt und daß sie sich darin sogar eine feste Regel zurechtgelegt hatte:

Wenn nach dem sommerlichen Drusch das Getreide in den Kasten gefüllt wurde, ließ sie damit extra auch einen Schüttkorb vollmachen. „Für d' armen Leut", sagte sie.

Den ganzen Winter über stand im kalten Stüberl ein kleiner Korb voller Äpfel, die nur für die nicht so seltenen Fälle, daß ärmliche Kinder kamen, bestimmt waren. „Und fürs kloane Brüderl nimmst extra noch an großen mit!"

War Schlachttag und wurde danach Schmalz ausgebrannt, füllte sie neben den Holzkübeln auch einen großen irdenen Topf damit an: „Wenn wer gach in Not is ..."

Beim Bohnenklauben machte sie ein eigenes Säckchen voll. An einem bestimmten Ort in der Speiskammer stand eine Schachtel mit Nüssen, ein Stanitzel voll Dörrfrüchten, eine Flasche Öl, ein Becher Honig, ein Tiegel voll mit Rindschmalz. Und immer wieder hieß es: „Für d' armen Leut." Sogar ein Fläschchen Schnaps verwahrte sie alleweil – nicht für sich, sondern für die Umhergeher (Landstreicher), denn das seien ja buchstäblich bettelarme Leut.

Für sie war es einfach eine Selbstverständlichkeit, den Erntesegen wenigstens im bescheidenen Maß mit jenen zu teilen, die selber keine Ernte hatten. Und dieses Teilen betrieb sie gar nicht ganz selbstlos, denn es machte sie innerlich froh, beschenkte sie mit Glücklichsein. Und sie litt, wenn Mißernten derlei Herzenstaten behinderten oder gar unmöglich machten.

Das ist nun schon lange her. Hierzulande ist's auch längst nicht mehr nötig, ein Elend mit einem Sack voll Getreide, mit einem Tiegel voll Schmalz, mit einer Schüssel voll Bohnen zu lindern. Wo ist die Not, die sich mit solchem Teilen begnügt?

Und doch sind heute die Anteilnahme an der Ernte und das Anteilnehmenlassen lebendiger denn je. Nicht nur, daß sämtliche Bevölkerungskreise die mehr oder minder prunkvollen, zumeist jedenfalls innigen Erntedankfeste der Bauern auch als ihre Feste betrachten – das ganze Jahr über gibt es immer wiederkehrende Beweise dafür, daß alle Menschen ihr Urbedürfnis, im ursprünglichsten Sinne des Wortes ernten zu können, stillen möchten:

Wer selber nicht wenigstens einen winzigen Gemüse- oder Obstgarten hat, ein Waldstück oder eine Weinhecke, den drängt's zumindest einmal im Jahr hinaus aus der Stadt und hin zu bäuerlichen Verwandten oder Bekannten. Nein, nicht in erster Linie deshalb, um bei diesen in einer grünen Stille üppig zu schmausen. Sie kommen, um beim Obsternten zu helfen oder sich einer fröhlichen Weinleserschar anzuschließen. Man findet sie beim Heufechsen ebenso wie im Wald bei der Holzarbeit, beim Wein- und Mostabziehen ebenso wie beim Sauabstechen.

Und wer nach dem Schweiß getaner Arbeit verdientermaßen eine Kiste mit Obst, einen Sack voll Gemüse, eine Tasche, angefüllt mit Speck und Würsten, oder einige Flaschen Wein in den Kofferraum des Wagens packen kann, der empfindet einen seltenen Stolz, die Wollust der Urzufriedenheit und das wiedererstandene Seligkeitsgefühl, eine Ernte eingebracht zu haben.

Der denkt nicht daran, daß ihm die Supermärkte das alles im schwindelerregenden Überfluß anbieten und daß er sich die Köstlichkeiten im Kofferraum auch ohne die Mühen im Garten oder auf dem Hof, ohne den Schweiß auf der Wiese oder im Wald erwerben könnte.

Nur wer den Geruch eines harten Arbeitstages beim Bauern in sich aufgenommen hat, weiß die Kostbarkeit einer eigenen Ernte über alles zu schätzen.

„Kemmt's alle Woaz schäln!"

„Kemmt's auf d' Nacht alle Woaz schäln?" Eigentlich war das mehr eine spröde Aufforderung als eine höfliche Frage, die uns tagsüber in den letzten Oktoberwochen und auch noch Anfang November erreichte. Denn unser Kukuruz war mit Hilfe der Nachbarn schon geschält, zusammengeknüpft und rings ums Haus unterm Vordach zum Trocknen aufgehängt worden; also war das „Abzahln" der bereits erwiesenen Hilfe unsere Pflichtschuldigkeit.

Hilfeleistung gegen „Abzahln", das bewährte sich auch bei vielen anderen Arbeiten. Beim Woazschäln wurde uns jedoch mehr und mehr bewußt, daß wir „angschmiert" waren: Unser Acker lieferte bloß ein Häufchen von den noch verhüllten gelben Kolben, das ein halbes Dutzend Schäler mühelos in zwei Stunden bewältigte, während wir abzahlenderweise stets an mehreren Abenden in den Scheunen bis Mitternacht saßen, und da dies bis in den späten Herbst hinein ging, blies zuweilen der kalte Wind durch die Bretterfugen, glitzerte vorm Scheunentor im Mondlicht der Reif ... Unser zunehmender Unwille hatte also gute Gründe.

Und der vielgepriesene Unterhaltungswert von solchem gemeinsamen Arbeiten? Wenn heute in manchen Dörfern junge Leute das Woazschäln wieder „in Mode" bringen, weil es ansonsten ohnehin kaum noch eine gesellige Gemeinschaftsarbeit gibt, so ist das wohl lobenswert. Indes, der Woazhaufen in windgeschützten Räumen, der vor dem Zubiß eines Dreschers gerettet worden war, wird kaum einmal so groß ausfallen, daß die Arbeit an ihm eine halbe Nacht in Anspruch nimmt …

Gewiß: Das Schälen des Türkischen Weizens (weil man angenommen hatte, der Kukuruz stamme aus der Türkei, erhielt er diesen Namen) hatte auch in Khünegg gelegentlich seinen Reiz. Denn irgendwelche Leute waren immer unter den Schälern, denen fortwährend Faxen einfielen. Wurde jemand in der Runde zum Mittelpunkt eines nicht bösartigen Gespötts erwählt, war zwischendurch alleweil für Heiterkeit und Gejohle gesorgt. Manche wußten voll Spannung und Unheimlichkeit aus der alten Zeit zu erzählen, manchen fielen wahre und erlogene Neuigkeiten ein, und damals gab's allemal auch noch unterhaltsame Kriegsgeschichten, gleichermaßen wahre und erlogene. Waren junge Leute darunter, dann ging die Arbeit vor allem auch deshalb flotter über die Tenne, weil so mancher ungeschälte Kolben unauffällig im flaumigen Lieschenberg verschwand, und dieser wurde hinterher schleunigst ins Freie geräumt, damit der Boden frei für den Tanz war – wenn man halt einen Harmonikaspieler hatte auftreiben können … Auf alle Fälle wurden nach vollbrachter Mühe ein Weinkrug und ein Brotlaib gereicht, und beides schmeckte selbst um Mitternacht schon deshalb vorzüglich, weil man mit dem Gefühl zulangen durfte, es wieder einmal geschafft zu haben. Und morgen beim Schober, übermorgen beim Gritsch, dann wieder beim Binder, beim Blasen …

Wir entschlossen uns dazu, unser Häufchen Kukuruz an einigen kurzen Abenden oder an Regentagen allein auszuschälen, um nimmer „abzahln“ zu müssen. Und diese gemeinschaftsfeindliche Versagung unserer Hilfe war rasch zu verschmerzen: Bald ratterten bei allen

Nachbarn Maisschälmaschinen, man hängte die Kolben auch nicht mehr gleich einem goldenen Kranz ums Haus, sondern mahlte sie gleich in Silos hinein („einmusen“ sagt man dazu), und auch das Gedröhn der mächtigen Drescher in den weiten Ebenen kam immer näher und verheißungsvoller zu uns herauf …

Guten Morgen im Dorf

Ein Handelsreisender kehrte an einem Abend irgendwo in einem steirischen Dorf zu. In einer guten Stunde wäre er zwar daheim in Graz gewesen, aber er hatte einen Tag langer Fahrten und voller Kümmernisse hinter sich, es war bereits spät, und er hatte sich schon mehrmals vorgenommen, gelegentlich wieder einmal das morgendliche Erwachen eines Dorfes mit seinem ganz eigentümlichen Reiz zu erleben.

Eine gewisse romantische Anwandlung war in ihm während seiner jahrelangen Fahrten durchs Land aufgekommen. Vor gut dreißig Jahren war er als Kind mit seinen Eltern in einem Dorf auf Sommerfrische gewesen. Er vermochte sich weder an das Gasthaus noch daran zu erinnern, was sie all die Tage hindurch getan hatten; was er sich aber ganz genau gemerkt hatte, war das langsam anschwellende morgendliche Getön. Das mochte wohl daran gelegen sein, daß es am Abend immer früh ins Bett ging, so daß ihn die ersten Geräusche des Morgens weckten: Zuerst hatte ein Hahn gekräht, dann war aus einem Gehöft ein Rindergebrüll gekommen, irgend jemand hatte am Brunnenschwengel gerissen, um sich den Schlaf aus den Augen zu waschen, ein Scheunentor war ächzend geöffnet worden, ein Dengelhammer hatte zu klingen angefangen, ein Fuhrwagen war vorübergeklappert, dann noch einer … Die Abfolge der Geräusche war an jedem Tag ziemlich dieselbe gewesen. Nur an einem Morgen war Regen niedergerauscht, und das hatte ihn bald wieder zum Einschlafen gebracht.

Dem Handelsreisenden war aufgefallen, daß sich in all den Jahren seither in den Dörfern viel verändert hatte. Doch es waren stets nur kleine Schritte gesetzt worden, die dem Gesamtbild nicht entscheidend Neues gaben. Gerade durch diese unauffälligen Schritte hatte sich auch der Wandel unauffällig vollzogen – bis zu einer Fremdheit, die ihm zuweilen bewußt wurde, unangenehm übrigens.

Aber die Morgenidylle dürfte sich doch wohl nicht verändert haben, sie wird doch heil geblieben sein: Wieder einmal wie als Kind auf das erwachende Getön lauschen …

Im einfachen Gasthaus, in dem zu übernachten er beschlossen hatte, gab es nicht viele Gäste, da normaler Werktag war. Er aß noch eine Kleinigkeit, beobachtete währenddessen eine Gruppe von Männern, von denen die einen schläfrig vor sich hinstierten und die anderen heftig und unnachgiebig über eine Sache redeten, von der er nichts verstand, und dann ließ er sich aufs Zimmer führen, das im oberen Stockwerk der Straßenseite zugewandt war; so hatte er es ausdrücklich gewünscht, und die Gastwirtin hatte ihn erstaunt angesehen.

Der Handelsreisende konnte lange nicht einschlafen. Seine Gedanken hingen nicht an Geschehnissen des verflossenen Tages, sie versuchten längst Vergangenes zum Tönen zu bringen, und von der Straße drang Autolärm herein.

Auch am Morgen wurde er nicht von einem krähenden Hahn, einem brüllenden Rind, einem klingenden Dengelhammer oder einem klappernden Fuhrwagen geweckt, sondern von Autos, deren Insassen zur Arbeit weit außerhalb des Dorfes fuhren. Er war aber froh, geweckt worden zu sein, noch ehe sein Reisewecker gerasselt hatte, um vielleicht doch noch ein dem Erinnern vertrautes Zeichen des Tagwerdens in einem Dorf zu erleben. Er stand auf, öffnete das Fenster und beugte sich hinaus in die Frische des Morgens. Es war Herbst, und alles schien grau zu sein: der Himmel, die Dächer der niedrigen Häuser und die Bäume daneben. Ein Traktor mit einem leeren Ladewagen ratterte vorüber. Dann kam der Wagen der Molkerei, um die Milch zu den Geschäften und zur Schule zu bringen, nachdem diese am Vortag von der nahen Sammelstelle abgeholt worden war. Zwei Mopeds flitzten dahin. Der Postautobus fuhr ein, hielt in der Ortsmitte, um drei Leute aufzunehmen, die vermutlich nach Graz fahren wollten. Ein öder Morgen …

Und dann kam ein altes Bäuerlein mit einer Sense über der Schulter auf der Straße daher, das den Fremden im Fenster entdeckte und diesem heiter zurief: „Morgen! Mög ma nimmer schlafen?"

Dieses Bild und diese Stimme kamen von weiter Ferne ganz nah an den Handelsreisenden heran. „Guten Morgen!" rief er und schaute dem Alten nach, bis dieser in einen Feldweg einbog. Dann stieg er zufrieden zurück ins Bett, und ehe er nochmals einschlief, hörte er vom Dorfkirchlein her das Geläute einer Glocke.

Die Erwartung

Im Sommer, vor Schulbeginn, war er als junger Lehrer ins Dorf gekommen. Ehe er sich den Menschen zugewandt hatte, hatte er sich mit der Gegend vertraut gemacht. Dabei war sie ihm aber von Anfang an aufgefallen: Wenn er seine fast allabendlichen Spaziergänge vom Dorf hinaus genommen hatte, war sie im Apfelgarten vor dem kleinen Haus ziemlich nahe an der Straße gesessen, als fände sie Gefallen an dem meist schütteren Verkehr vor ihr. Zuerst hatte er grußlos vorübergehen wollen, aber ihm war mit kraftvoller Stimme zugerufen worden: „'n Abendspaziergang machen?“ Nach einer kleinen Verlegenheitspause hatte er damals nur „Ja“ geantwortet, und seither grüßte er sie immer. Aber darüber hinaus hatte er der alten, dicken Frau, die alleweil unverändert regungslos und mit lustigem Gesicht dagesessen war, keine weitere Aufmerksamkeit geschenkt.

Als nun im späten Herbst die Tage kurz und die Abende schon rauh waren und schnell die Nacht brachten, saß sie in gleicher Weise zwischen Haus und Straße. Vielleicht ist sie sogar den ganzen Tag über hier, dachte der Lehrer, über den eine seltsame Neugierde kam. So trat er an einem Abend, der am kalten Himmel rosig verlosch und über die Niederung Nebelstreifen aufziehen ließ, vor die Frau hin. Sie hatte ein dunkelrotes, blau gestreiftes Wolltuch um den Kopf gewickelt und einen dicken grauen, mit Kunstpelz besetzten Mantel angelegt.

„Es wird schon frostig!“ sagte er unaufdringlich ermahnend.

„Ah was!“ gab sie heiter abweisend zurück. „Da muaß ma sich halt was Wärmeres anziagn.“

Zu einem weiteren Gespräch kam es diesmal nicht. Aber er beobachtete sie fortan mit plötzlich erwachtem Interesse: In einiger Entfernung von ihr blieb er oftmals stehen und sah mit verstohlenem Blick, wie sie es offensichtlich genoß, die Dunkelheit kommen zu sehen, die ersten Sterne oder die schweren Wolken, den weißen Nebel vom Bachlauf her, die Krähen zu beobachten, die ihrem nächtlichen Waldquartier zuflogen, und die auf der Straße vereinzelt vorüberfahrenden Autos und Traktoren. Oh, sie kostet es aus, Zeit zu haben! dachte er. Die von maßvollen Lauten eingegrenzte Stille, das nur selten von einer Bewegung durchteilte Bild der Ruhe zu genießen, den Wandel des Lichts, das Einfallen der Dunkelheit. Sie genießt das Horchen und Schauen.

Sie war auf einmal nicht mehr bloß eine vertraute Erscheinung am Weg seiner abendlichen Spaziergänge; ihr einfaches Dasitzen ließ seine Gedanken immer tiefer werden, und einmal, als ein feuchter, frostiger Wind heranwehte, setzte er sich zu ihr. Nach einigen allgemeinen Worten erzählte sie ihm an diesem und dann an einem weiteren Abend aus ihrem Leben: Berührendes und Belangloses, Verworrenes und Alltägliches. Dann erst wagte es der Lehrer, das Gespräch auf Zeit und Schauen und Horchen zu lenken. Ob sie das Sitzen in einem warmen Raum, von schützenden Wänden umgeben, als Eingesperrtsein empfinde. Da gehe das Jahr um, sagte sie in schlichten Worten: im Hahnenschrei, im Traktorengepolter, im Singen der Vögel, im Brummen der Autos … Ganz nah am Leben sein!

„Ja, ich sehe es, Sie mögen das alles", pflichtete er warmherzig bei. „Dies sieht jeder."

Sie nickte. „Und d' Leut können sich's auch denken, daß i da Zerstreuung hab im Warten."

Er war überrascht. „Sie warten hier? Auf wen?"

„Aufs Licht."

„Aufs Licht? Bis in jeden finsteren Abend hinein?"

Aber jetzt auf einmal wollte sie nichts mehr sagen.

An den nächsten Abenden regnete es, und der junge Lehrer traf sie nie mehr. Als im folgenden Advent einmal die Glocken zu einem Begräbnis läuteten, erfuhr er, daß man die alte Frau auf den Friedhof geleite. Und daß sie nun erlöst sei. „Erlöst?" fragte er nach. „Ja, haben S' halt nit gwußt", wurde er verwundert gefragt, „daß sie schon lang, lang blind gwesen is?"

Eine unfeierliche Stille

Die Erfahrung, daß weder der Mensch noch die Technik ohne Makel ist, daß sie also am besten einander ergänzen, machte ich schon als ganz junger Mensch, und das ausgerechnet in meiner Heimatkirche.

Auf dem Land wird in weiten Gegenden die Orgelempore „Chor" genannt. Aber dort findet sich vor oder neben der Orgel nicht nur der Kirchenchor ein, in den meisten Landkirchen pflegen dort auch „gewöhnliche" Gottesdienstbesucher Platz zu nehmen. Für viele ist hier sogar ein erwählter Ort. Erstens ist hier der Überblick über alles Geschehen im Kirchenraum einzigartig, zweitens ist man zugleich den Blicken des Zelebranten deutlich entrückt, man kann sich daher während der Meßfeier auch anderen Beschäftigungen hingebungsvoll widmen, beispielsweise einem „Natzerl" (kleiner Schlaf) oder einem Plauscherl mit dem Nachbarn, drittens können sich Kunstsinnige unmittelbar den einzelnen Mitwirkenden im Chor zuwenden und schließlich verirrt sich der Opfergeldabsammler nicht allemal herauf auf die Empore.

Ich kann es nicht mehr mit Bestimmtheit sagen, aus welchem dieser Gründe ich mich in jungen Jahren mit Vorliebe auf den „Chor" meiner Heimatkirche St. Peter am Ottersbach begeben habe; vielleicht wußte ich sie alle gleichermaßen zu schätzen. Jedenfalls wurde mir dadurch an einem Sonntag eine bedeutungsvolle Aufgabe zuteil.

Kurz vor dem Hauptgottesdienst um 8 Uhr stellte der

Organist Stromausfall fest, was in den fünfziger Jahren kein seltenes Ereignis war. Daher stand der tretbare Blasbalg aus Urzeiten noch in Ehren. Da damals aber außer den Sangesbrüdern und -schwestern nur ich und einige ältere Leute auf der Empore waren, wandte sich der Organist an mich: „Mach 'n Wind!"

Der Organist gehörte im Dorf zu jener Kategorie von Menschen, von denen man vielfach den eigentlichen Namen gar nicht kannte, trotz ihres öffentlichen Wirkens oder gerade deshalb: der Pfarrer, der Kaplan, der Doktor, der Viechdoktor, der Oberlehrer, der Postmeister, der Mesner, die Kirchenkehrerin, der Totengräber und eben der Organist. Doch bei uns war von diesem auch der Name allen geläufig, und er wurde gleichermaßen respektlos wie ehrerbietig ausgesprochen: „der Zebinger". Seiner eigentlichen Berufsbezeichnung „Landarbeiter" wurde er im besten Sinne des Wortes gerecht, indem er zwecks Ernährung seiner großen Familie alle Arbeiten anging, die auf dem Land anfielen: vom Weingartenspritzen bis zum Häuserausmalen. Zur Ehrerbietung zwang aber sein Geschäft als Organist, und zudem wußte man, daß er festliche Oratorien komponierte. Und da weiters bekannt war, daß er sowohl im Kirchenchor als auch im Männergesangsverein seine Talente stets in rechter Weise einzusetzen verstand, empfand ich die Berufung zum Blasbalgtreter als hohe Auszeichnung.

Ich nahm gleich am großen hölzernen Pfeifenkasten neben dem Trittbrett Aufstellung; stolz und würdevoll tat ich damit den sich jetzt ringsum rasch einfindenden Kirchleuten kund, daß ich ein wichtiges Geschäft zu erfüllen hatte, weil auf die neuzeitliche Technik kein Verlaß war (insgeheim hatte ich daher nur eine Sorge: daß sich der Strom wieder einstellen könnte).

Ich gestehe es gerne: Ich war dann vom Anfang an überwältigt vom vieltönigen Brausen der Orgel – das war mein musikalisches Jubeln! Mochte der Zebinger auch einige Tasten und Pedale bewegen – daß die Pfeifen so klangvolles Getön von sich gaben, das war einzig meinem Wirken zuzuschreiben!

Von der Ermüdung ein wenig aus der Betäubung des Hochgefühls geholt, fand ich bald heraus, daß es gar nicht nötig war, unablässig zur Ehre Gottes und zur Freude seiner Gläubigen derartige Turnübungen zu machen: Ein aus dem braunen Holzgehäuse herausragender Zeiger verriet mir, daß ich gleichsam Luftdruck auf Vorrat erzeugte: War der Zeiger ganz oben, dann konnte ich getrost ein wenig ausrasten. Ich fand heraus, daß der Luftvorrat sogar auf die Länge des Gesanges abzustimmen war. Aber beim Sanctus hatte ich mich offensichtlich verschätzt: Dem Organisten blieb plötzlich im vollsten Sinne des Wortes die Luft weg! Zuerst verstummten die Orgelpfeifen und in der Folge auch die Sänger.

Die jähe Stille war selbst in der Kirche unfeierlich – sie war beklemmend und verwirrend. Mich packte der Schrecken, als ich die Folgen meiner Säumigkeit merkte, und schwang mich auf das Trittbrett. Doch schon murmelte der Zebinger für alle vernehmbar vor sich hin: „Mir ham koan Strom nit." Diese Erklärung für das plötzliche Stillsein war für mich allerdings kränkender, als wenn er gesagt hätte: „Der Lausbua is z' faul zum Treten!" Denn das hätte wenigstens meine Bedeutung über jene des noch unzuverlässigeren Stroms gestellt.

Dergleichen kann heute jedenfalls nicht mehr passieren, denn unsere Orgel hat keine Treteinrichtung mehr. Wenn man nur der Technik vertraut, dann weiß man wenigstens, wie man dran ist.

So ein Theater!

In der umfassenden Chronik eines traditionsreichen Männergesangsvereines ist nachzulesen, daß sich dieser in den frühen zwanziger Jahren neben der eifrigen Pflege des Volksliedes auch um das dörfliche Theaterspiel gekümmert hatte. Ein um das Vereinsleben bemühter Lehrer schrieb für diese Laienbühne sogar ein Stück mit dem schwermütigen Titel „Abschied im Herbst". Der ereignisreiche Inhalt sei kurz erzählt: Der Hoferbe eines reichen Bauern verliebt sich in die Stalldirn und möchte diese heiraten. Als der hartherzige Bauer davon erfährt, verjagt er beide, obwohl der Winter vor der Tür steht. Die beiden müssen in die Fremde, werden auf einem Hof Knecht und Magd, arbeiten fleißig und sparen zielstrebig, und als sie ein schönes Sümmchen Geld beisammen haben, heiraten sie und erwerben eine einschichtig gelegene Keusche. An einem grauen Herbsttag kommt ein sterbenskranker Bettler zu ihnen, in dem der junge Keuschler bald seinen Vater erkennt. Im traurigen Alleinsein hatte dieser zu trinken und zu spielen angefangen, und so kam sein Hof in fremde Hände und er auf die Straße. Das unabdingbare Happy-End: Angesichts des bitteren Todes kommt es vor dem letzten Abschied zur Aussöhnung.

Dieses Stück fand in der Gruppe zwar Gefallen, ja sogar „hellste Begeisterung", wie sich der Chronist ausdrückte, aber es wurde dennoch nicht aufgeführt. Zuerst wußte einer zu sagen, das sei doch die Geschichte des

Bauern N. im Dorf, der wohl noch lebe, dem es jedoch beinahe so ergangen sei. Daraufhin hatte man allgemein einzuwenden, eigentlich könnten auch so manche andere im Dorf sich und ihr Schicksal nachgezeichnet finden. Der Lehrer gab zu bedenken, wenn man eine Geschichte wirklichkeitsnah darzustellen versuche, dann könnte sich immer irgend jemand betroffen fühlen. Diese Geschichte habe er zu unverkennbar aus ihrem Leben gegriffen, hielt man ihm entgegen. So etwas könne man nicht auf die Bühne bringen, denn das würde die Ruhe und den Frieden im Dorf erschüttern. Ein Stückl solle doch was „fürs Gmüat" sein.

Also verschwand damals das Stück irgendwo in einer Lade, und in den folgenden Jahrzehnten kam nie mehr die Rede darauf. Der an Vergangenem sehr interessierte Vereinsarchivar hatte es jüngst zusammen mit einer alten handschriftlichen Partitur hervorgezaubert, und beim Durchlesen war er davon so angetan, daß er es an die theaterspielende Landjugendgruppe weitergab, zumal der Männergesangsverein die weltbedeutenden Bretter einer Laienbühne bereits eine Weile vor dem Krieg verlassen hatte.

Seitens der Landjugendverantwortlichen fand „Abschied im Herbst" gleichfalls „hellste Begeisterung", so daß sich die Spielgruppe gleich ans Proben machte. Auf den Plakaten nannte sie das Stück aber „Liebesleid und Liebesglück", nicht bloß deshalb, weil sie es im Fasching spielen ließ, und nicht im Herbst, sondern weil Liebe, Leid und Glück die Herzen der Menschen allemal mehr rühren als Abschiednehmen. Und auf den Plakaten war auch groß zu lesen: URAUFFÜHRUNG.

Das zahlreiche Publikum ließ sich dann tatsächlich hell begeistern, und Ruhe und Frieden wurden im Dorf

nicht erschüttert. Ausgerechnet ein junger Lehrer meinte hingegen kritisch und abfällig, das sei unverkennbar eine Geschichte aus ferner Vergangenheit – man müßte eine solche aus dem heutigen Leben greifen und zeitkritisch auf die Bühne bringen. Die alten Stückln seien halt viel schöner und was „fürs Gmüat“, wurde ihm leidenschaftlich entgegengehalten, weil sie alleweil einen guten Ausgang fänden …

Verhinderte Kontrolle

Mancherorts, vor allem in den Streusiedlungen des Berg- und Hügellandes, wurde bis in die sechziger Jahre hinein von den Bauern die Milch zu Sammelstellen gebracht, um sie dort zu entrahmen. Danach kam dann der Rahm in die Molkerei zur Verbutterung. Viel war es ja nicht, was die meisten Bäuerlein am frühen Morgen oder am Abend zum Anliefern hatten, aber damals standen in jedem Anwesen wenigstens noch zwei, drei Kühe im Stall, und wenn man täglich bloß etliche Liter zum Entrahmen bringen konnte, so gab's am Monatsende doch verläßlich ein Sümmchen bares Geld.

Und selbst wenn sich für nüchterne Rechner mancher Weg gar nicht mehr lohnte, so kamen sie auch mit einem plätschernden „Noagerl" in der Kanne zur Sammelstelle, weil dieser Weg einfach schon zum langgewohnten täglichen Arbeitsritual gehörte und ein liebgewordener Teil davon geworden war. Während einer der Lieferanten – diese stolze Bezeichnung vereinte alle, unabhängig von der Größe des Milchviehbestandes – die surrende Milchzentrifuge betrieb, standen die anderen im Kreis herum und besprachen die verflossenen und kommenden Tagesereignisse. Manche große Neuigkeit und kleine Geschichte wurden hier weitergereicht und somit auch manches zwielichtige Gerücht verbreitet; Nichtanwesende gerieten unversehens in den Mittelpunkt des Gelächters, nicht selten wurde bei einer solchen Gelegenheit aber auch eine für die Gemeinschaft der Nachbarn oder des ganzen Dorfes nützliche Idee erweckt und für den praktischen Gebrauch erörtert.

Nur dem Schlagbauer war es allemal zuwider, wenn er länger zu warten hatte, und er verließ den Kreis jedesmal auch gleich, sobald die bläuliche Magermilch schäumend in seine Kanne geflossen war. Ja, beim Schlagbauer war der Fleiß ins Wuchern und die Sparsamkeit in Geiz ausgeartet. Dadurch wolle er, so hieß es, seine mangelnde wirtschaftliche Tüchtigkeit wettmachen. Dennoch brachte er es zur allgemeinen Verwunderung zuwege, das ganze Jahr über ziemlich die gleiche Milchmenge in die Maßkanne der Sammelstelle zu bringen, auch wenn seine Kühe fast gleichzeitig schwer „traand" (tragend, trächtig) waren. „Bei dir müaßn d' Ochsen und Stier a melkn", sagte man zu ihm; aber der Verdacht, der sich leise herumsprach, war kein so spaßiger.

In unregelmäßigen Abständen und unangekündigt kam der Milchkontrollor der Molkerei auch zu dieser Sammelstelle. Er machte Schmutzproben und nahm von jedem Lieferanten kleine Milchmengen zur Feststellung des Fettgehaltes mit. Viel Schmutz und wenig Fett an einem solchen Tag hatten schlimme Auswirkungen auf die Milchgeldabrechnung eines ganzen Monats. Obwohl es in der Regel auch ein Kleinbauer war, der mit solchen Kontrollaufgaben, welche einen Nebenverdienst einbrachten, betraut wurde, galt er als gefürchtete Respektsperson.

Als der Kontrollor wieder einmal zugegen war, geschah in dem Augenblick etwas recht Merkwürdiges, als der Schlagbauer erschien: Dieser blieb kurz stehen, der Gruß war nur ein Murmeln, manche glaubten in seinem Gesicht ein Erschrecken entdeckt zu haben, dann machte er einige hastige Schritte, so daß er stolpernd hinfiel, dabei sprang von seiner Kanne der Deckel ab, und die Milch ergoß sich vor die Füße des Kontrollors und der Wartenden.

Der Schlagbauer, der keine Nachkommen hatte, ist schon lange tot, und von seinem Gehöft gibt kein Ziegel mehr Zeugnis, aber wenn heute jemand aus Unachtsamkeit Milch verschüttet, dann heißt's alleweil noch: „Hast sie verwässert ghabt?"

Von Kostgehern und Bettelsleuten

Besuche in der Nachbarschaft – sie beschränkten sich ohnehin auf die Wintermonate und Sonn- und Feiertage – dienten seit jeher der Vertiefung der Beziehungen zueinander und damit auch der Festigung einer lebendigen Dorfgemeinschaft. Wer „nit gern ausgehn“ tat, der galt bei uns als Sonderling. Wer hingegen in jeder freien Stunde in fremden Häusern zu Gast war, von dem hieß es: „Der is wia a Kostgeher.“

Wer war das nun: ein Kostgeher? So nannte man bei uns die Einleger, die es in Khünegg bis nach dem Ersten Weltkrieg gab, und es war eine recht sprechende Bezeichnung für eine kleine Gruppe von Menschen im Schatten einer noch unvollkommenen sozialen Ordnung.

Es waren durchwegs Dienstleute oder auch abgehauste Kleinbauern, die nach einem arbeitsreichen Leben voller Mühsal keine Ersparnisse für ihre alten Tage hatten, in denen sie niemand mehr recht gebrauchen konnte. Sie wurden nun freilich nicht auf die Straße geschickt, grausam verstoßen oder in ein Siechenhaus abgeschoben, und die damalige Fürsorge war sogar eine sehr unmittelbare, aber erbarmungswürdige und demütigende: Die Gemeinde schrieb genau vor, an wie vielen Tagen im Jahr jede Familie aufgrund ihrer Besitzverhältnisse einem solchen Armen Kost und Quartier zu gewähren hatte. Da jedoch beides nicht näher ausgeführt war, gab es für sie zumeist nur saure Suppe, Hirsebrei, Bohnen und Erdäpfelsterz sowie eine dumpfe Schlafkammer. Die üble Nachrede, die von den Kostgehern in andere Häuser weitergetragen wurde, schreckte nicht ab, sondern regte eher dazu an, zumindest nicht üppiger aufzukochen, als man es anderswo getan hatte.

Wer aber noch ein wenig bei Kräften war und bei leichteren Arbeiten willig zugriff oder wer als Spaßvogel abwechslungsvolle Unterhaltung ins Haus zu bringen verstand, war ein gern gesehener Kostgeher. Ihm blieb bei Tisch das Wort erspart, das von einem Einleger bis heute überliefert ist: „Überm Kraut gibt's nix." Was bekanntermaßen keine Huldigung, sondern die schlichte Feststellung war, daß sich auf dem Kraut kein Fleisch befand …

In unserem Ort war ein Kostgeher, der auch in den Wintertagen bei beißendster Kälte barfuß von einem Gehöft zum anderen zog. Eine alte bettlägerige Frau hingegen ließ sich mitsamt ihrem Bett von Haus zu Haus tragen. Es waren wunderliche Typen unter diesen Menschen. Ich habe keinen mehr gekannt, aber man erzählt mir gerne Geschichten über sie. Und es ist gut, daß man sie erzählt, um so die Erinnerung auch an unselige Zustände lebendig zu erhalten.

Den Vergleich: „Der is wia a Kostgeher", habe ich übrigens schon länger nicht mehr gehört. Es gibt halt auch kaum noch Leute, die so häufig in der Nachbarschaft unterwegs sind, daß der Vergleich zuträfe …

Eine ganz andere Art von „Schnallendrückern", also von Haus-zu-Haus-Gehern, waren die Bettelsleute, weil ihr „Gäu" nicht eine Gemeinde, sondern wenigstens ein Bezirk oder gar das ganze Land war.

Als in unserer Gegend jüngst ein fremder, verwegener Geselle auftauchte, dem bei Nacht ein Heulager lieber war als ein sauberes Bett, damit ihm auch tagsüber die

Freiheit der endlosen Straßen gesichert blieb, da brummte ein alter Bauer mit unheilverkündender Stimme: „Kemman wieder schlechte Zeitn – die Bettler gehn um!"

Die Erinnerung an jene unseligen Jahre lebte auf, wo jenen, die keine Arbeit fanden, kaum eine andere Wahl blieb, als übers Land zu gehen und sich mit einer Suppe, einer Schnitte Brot, einem Krug Most und einem rauhen Lager auf dem Heuboden oder im Stall zu begnügen.

Sie gehörten zu jenem wunderlichen Völkchen von Umhergehern, denen auch ehrsame umherziehende Handwerksleute und mehr oder minder ordentliche Hausierer zugezählt wurden.

Aber auch unter den Bettelsleuten gab es die verschiedensten Typen, und die unterschiedlichsten Charaktere fanden in diesem absonderlichen Leben ihre volle Ausprägung: Es gab Sanftmütige, die überall bereitwillig Aufnahme fanden, und es gab Grobiane, die nur deshalb überall Zutritt hatten, weil sie gefürchtet waren („Sonst setzt er di 'n Rotn Hahn aufs Dach!"); manche waren die lustigsten Käuze, manche beklagten fortwährend ihr erbarmungswürdiges Schicksal; die einen waren dankbar für jede dargebotene Arbeit, durch die sie ihren ernsten Willen zum Fleißigsein bekräftigen konnten, andere zeigten nur Dankbarkeit, wenn sie zum Brot wenigstens auch einen Speck bekamen und wenn sie gläubigen Zuhörern ihre unzähligen körperlichen Gebrechen erzählen durften.

Nicht immer führten fehlendes Arbeitsangebot und Besitzlosigkeit zum Bettelstab.

Außerhalb eines Dorfes boten sich lange Jahre hindurch die düsteren Ruinen eines einst landschaftsbeherrschenden Hofes der Schau dar. Die dazugehörenden Grundstücke waren längst verkauft; die Gebäudereste hatten offensichtlich belehrenden Zwecken zu dienen: „Schaut, so weit kann's kommen!" sagte man den Kindern, und dann erzählte man ihnen die Geschichte des letzten Bauern auf diesem Hof, der nicht gearbeitet und die Nächte in den Wirtshäusern zugebracht hatte, bis er an den Bettelstab gekommen war.

Ein anderer hatte seinen Hof in der ehemaligen Untersteiermark durch „Aussiedlung" verloren. Diesseits der Grenze fand der schon betagte Bauer bei Bekannten zwar Unterkunft, aber keine eigentliche Heimat mehr. Als ihm einmal bei einem Besuch bei Leuten im Dorf zum Krug Most ein *abgeschnittenes* Stück Brot gereicht wurde, da überkam es ihn – so erzählte er hinterher – mit unsäglicher Bitterkeit: „Hiatz hab i gwußt, daß i a Bettler bin."

Denn jedem sonstigen Fremden wurde, wie es einer alten Sitte entsprach, der halbe Laib Brot, auf den das Messer gelegt worden war, dargeboten. Lediglich einem Bettler schnitt man das Brot vor.

Christbaumsuchen

Zu den unvergessenen Vorweihnachtserlebnissen in meiner Kindheit zählt das Christbaumsuchen im Wald. Das mag auch darin begründet sein, daß dieses bescheidene Geschäft mit dem allmählichen Erwachsenwerden zu tun hatte. Ich war schon sieben Jahre alt, und ich glaubte noch immer, das Christkind bringe den geschmückten Christbaum höchstpersönlich vom Himmel. Da vertraute mir meine Mutter an, irgendwie sei es schon das Christkind, das uns da beschenke, aber das Fichtenbäumchen müsse der Vater vom Wald holen, und dieser setzte gleich hinzu, ich sei schon groß genug, um ihn dabei zu begleiten. Oh, ich war schon groß, und welch himmlische Ehre!

Wenn sich die Außenarbeit bis nahe an die Festtage herandehnte, wurde diese Besorgung erst kurz zuvor gemacht. Meist war es jedoch Anfang Dezember, daß mich mein Vater einlud: „Gemma Christbaumsuchen!" Er wollte einem frühen Schneefall, der diesen unerläßlichen Weg mühsamer gemacht hätte, zuvorkommen. Sehr häufig waren es auch milde, sonnige Nachmittage, an denen wir den Jungwuchs in den uns bekannten Waldlichtungen aufsuchten. In der Regel hatte mein Vater bereits beim sommerlichen Schwammsuchen die schönsten Christbaumplätze ausfindig gemacht.

Waldgänge waren für uns Kinder allemal mit kleineren oder größeren Abenteuern verbunden, so auch diese vorweihnachtlichen. Einmal stießen wir in einem Föhrenjungbestand auf Blechtrümmer. Mein Vater wußte zu sagen, daß sie von jenem Flugzeug stammten, das kurz vor dem Kriegsende direkt über uns abgeschossen worden war, und mir wurde augenblicklich jene Luftkampfszene gegenwärtig, die ich an einem klaren Jännertag des Jahres 1945 mit der Schrecknislosigkeit eines im Krieg heranwachsenden Kindes miterlebt hatte. Ein andermal fanden wir ein Rotkehlchen, das es zu retten galt. Es war schon Schnee gefallen, und wir beutelten da und dort ein Bäumchen ab, das zum Mitnehmen geeignet erschien, als wir auf müdes Geflatter unter schützendem Gezweig aufmerksam wurden. Der kleine Vogel saß jetzt im Schnee, krank und matt, und floh nicht vor meiner zugreifenden Hand. Ich trug ihn heim, sperrte ihn hinters Fenster, brachte ihm bald das Fressen von Hirse und Sterzmehl bei und nannte ihn Weihnachtskehlchen. Doch ehe das Fest kam, flatterte er einmal beim Füttern aus dem Fenster und in die Stube, wo sich die Katze auf ihn stürzte und ihm sofort den Hals durchbiß.

Abenteuer haben selten etwas mit Frieden zu tun. Für gewöhnlich gedieh beim Christbaumsuchen aber in himmlischer Stille die grenzenlose Weihnachtsfreude heran: War später mit dem kleinen Bäumchen in der Stube, das bloß kärglichen Schmuck trug, eine unbeschreibbare Seligkeit verbunden – hier in der Weite war das unversehrt duftende Grün in seiner ganzen Fülle da, ein wenig durchwoben vom Rostbraun des verwelkenden Farns, der im Absterben dem Leben ringsum Ewigkeit zu verleihen schien, oder geschmückt mit frühem Schnee. War nicht das Freuen auf die Weihnachtsfreude die tiefere Freude?

Für mich wurde diese Christbaumsuche somit von unaussprechlicher Feierlichkeit begleitet. Mein Vater dachte indessen nur daran, dem künftigen Wald keinen Schaden anzutun. „A Bamerl muaß 's sein, das wegghört", sagte er immer wieder. Mir wurde erst später bewußt, daß er mich bloß deshalb jedesmal mitgenommen hatte, um auch mich mit dieser Sorgfalt vertraut zu machen und die Gewissenhaftigkeit dafür zu begründen. Er prüfte allemal nur eines von jenen Fichtenbäumchen, die in Gruppen beisammen standen, da hier eine Entnahme dem Wuchs der verbleibenden sogar diente. Trotzdem konnte er sich oft lange nicht entscheiden. Manchmal hatte er die kleine Säge bereits angesetzt, aber er ließ wieder ab: „'s könnt am End doch noch a schiana Bam werden."

Seine inneren Entscheidungsqualen vermochte ich erst viel später nachzuempfinden. „Waldfrevel" nannte man leichtsinnige schädigende Eingriffe in den Forst. Er war schlimmer als Diebstahl, und es wurde im Grunde auch gar nicht unterschieden, ob man sich am eigenen oder fremden Wald verging. Denn der Wald war auch öffentliches Gut, und er versinnbildlichte seit jeher in geheimnisvoller Weise die gemeinsame Gegenwärtigkeit der Generationen von gestern, heute und morgen.

Und die Wälder gediehen. Sie wuchsen, Stamm für Stamm, in gleichmäßigen Jahresringen empor, in trockenen Jahren etwas kärglicher. Vom Waldsterben war nirgendwo die Rede.

Seltsamerweise ist dieser Begriff aufgekommen, als nie mehr das Wort Waldfrevel zu hören war. Wohl deshalb, weil Waldfrevel längst nicht mehr dadurch begangen wird, indem einer mit einer kleinen Säge heimlich in den Jungwald geht, vor dem Christfest beispielsweise; der Waldfrevel geschieht heute aber noch viel heimlicher, weil unsichtbar. Unheimlich wird's, wenn er sichtbar wird.

Die Pfaffensack-Geschichte

Nachdem er erst im Jahr zuvor die Erneuerung des Kirchendaches und zwischendurch für die üblichen kleineren Anliegen der Gemeinde und der Diözese gesammelt hatte, kam es dem Pfarrer hart an, schon wieder betteln gehen zu müssen: Neue Kirchenbänke mußten angeschafft werden.

Längst waren ihm die einzelnen Stationen seiner Bettelgänge vertraut: In manche Häuser hätte er am liebsten ein Geld hineingetragen, so notig ging's dort zu, aber dann jammerte man nur über die Schande, nicht mehr geben zu können; andere Häuser strotzten von Reichtum, den jedoch nur der Geiz angesammelt hatte. Der Greithofer zählte dazu. Er war als „Nudeldrucker" verschrien. Damit meinte man hierorts, daß er aus allem noch etwas herauszupressen verstand, selbst aus zaundürren Nudeln, und wenn's ums Spenden ging, dann klagte er, daß er alles blutig erarbeiten müsse.

Der Pfarrer bot daher alle Demut und Freundlichkeit auf, als er sein Anliegen vortrug, und schloß: „Ich mein halt, 's werden alle eine Freud haben, wenn's ordentliche Bänk gibt."

Der Greithofer ließ sich aber gar nicht ein auf diesen Hinweis einer möglichen allgemeinen Zustimmung, zumal er nicht einbekennen wollte, daß er kaum einmal auf einer Kirchenbank saß, sondern er hatte eine Frage: „Haben S' schon amol was vom Pfaffensack ghört? Und wissen S', warum der so hoaßt?"

„Nein. Erzählen S'!" sagte der Pfarrer freimütig.

„Da is amol a Mann gwesen, der hat zwei Buben ghabt", begann er. „Er is schon jungerweis gstorben und hat den beiden nix als einen leeren Sack hinterlassen. Den haben sie durchgschnitten, um ihn zu teilen. Der den unteren Teil gnommen hat, der hat ganz klein als Bauer angfangen. Aber weil er im Sack alles schön zsammengspart hat, is er reich gworden. Der mit dem oberen Teil hat's zum Pfarrer bracht. Aber ghabt hat er nie was, weil sein Sack ja bodenlos gwesen is." Der Greithofer lachte boshaft, ging hinaus und überreichte dann dem Pfarrherrn einen Geldbetrag, mit dem er offensichtlich ausdrücken wollte, auch die neuen Bänke kaum einmal benützen zu wollen.

Wenige Monate später kam der Greithofer in die Pfarrkanzlei, um eine Messe für seinen vor genau zehn Jahren heimgegangenen Vater zu bestellen, und er ließ auch gleich alle übrigen Hausverstorbenen und seine eigene gute Meinung einschließen. Da er keine Ahnung hatte, was dafür zu bezahlen sei, und da er gerne mit einem großen Geldschein prahlte, streckte er einen Tausender hin.

Der Pfarrer fing umständlich nach dem Wechselgeld zu suchen an, und dabei erzählte er: „Die Geschicht mit dem Pfaffensack, die S' mir erzählt haben, ist ja nicht unbekannt. Aber wie sie wirklich zu End gegangen ist, das werden S' nicht wissen. Also hören S' zu! Nachdem jener Bauer gestorben war, hat er seinen vollen Sack auch zum Ewigen Richter hinbracht, und ganz stolz ist er darauf gwesen. Der Herrgott hat aber den Kopf beutelt und gesagt: ‚Der zählt da nicht!' Nachher ist der Pfarrer gestorben, und der hat nur seinen leeren Sack mitbracht, ganz schamhaft hat er ihn unterm Arm tragen. ‚Ja, da ist für dich nie nix drinnenblieben‘, hat sich unser Herr wissend zeigt, ‚hast allweil für die anderen bettelt.‘ Und danach haben die beiden im Himmel den ihnen zustehenden Lohn auch zuteilt kriegt.“

Der Greithofer schaute den Pfarrer eine Weile ratlos an. Sollte er laut auflachen? Oder sollte er sich schamhaft betroffen zeigen? Er sagte schließlich argwöhnisch: „I woaß nit, ob das wirkli noch zur Gschicht dazuaghört.“ Dann wollte er geschwind gehen.

„Warten S’!“ hielt ihn der Pfarrer zurück. „Sie kriegen noch …“

„Lassen S’ das“, kam es von der schon geöffneten Tür her. „Sie brauchen mir nix außizgeben.“

Der „halberte Viechdoktor“

Von einem „ganzen Viechdoktor“ war seltsamerweise nie die Rede. Denn jenen, den man damit hätte meinen können, hatte man bei uns schon immer respektvoll vornehm Tierarzt genannt, und nur wenn jemand auf dem Land vor seinem Namen „Doktor“ stehen hatte, wurde erklärend zwischen einem „Doktor für d' Leit“ und einem „Doktor fürs Viech“ unterschieden. (Andere Doktoren kannte man gar nicht oder hielt sie für unwichtig, mit Ausnahme des „Rechtsdoktors“, aber der war als „Bauernschinder“ verschrien.)

Der „halberte Viechdoktor“ hingegen war überall ein vertrauter Begriff; das war einer für die Haustiere, was für die leidenden Menschen der Bader, Heilkünstler oder „Wunderdoktor“ war. Da man sich den Weg zum Tierarzt zumeist nur in äußersten Notfällen leistete, war der Stand der „Laienveterinären“, bei dem sich die Honoraransprüche zwischen bescheidenen Naturaliengaben und einem Tabaksgeld bewegten, geachtet und gefragt. Er vermochte sich vor allem auch deshalb erfolgreich zu behaupten, weil er zunächst nur bei harmlosen Vieherkrankungen, die wahrscheinlich auch ohne heilendes Abmühen gewichen wären, aufgesucht wurde, aber ebenso in jenen schweren Fällen, denen selbst der Tierarzt hilflos gegenüberstand; kam es dann zu einer Genesung, so war der Behandler zwar noch immer kein „ganzer Viechdoktor“, wohl aber ein „ganz gscheiter“, und diese Beifügung zählte mehr als ein „Dr. med. vet.“!

In einen in unserer Gegend solcherart hochgelobten „halberten Viechdoktor" setzten auch wir einmal unsere letzte Hoffnung. Es war kurz vor Ostern Anfang der fünfziger Jahre, als eine von unseren beiden Kühen „verworfen" hatte (das Kalb ging tot ab). War das allein für uns schon ein jammervolles Unglück, so wäre der Verlust der Kuh, deren Namen „Luzl" wir jetzt besonders zärtlich aussprachen, als diene auch dies dem Heilungsprozeß, für uns eine Katastrophe gewesen. Unser letztes Geld floß daher dem Tierarzt zu, der uns mit allerlei Fläschchen zum Eingeben versorgte, der gelegentlich persönlich Nachschau hielt und dessen ernstes Geschau auch mir Buben bedrohlich, unheilverkündend erschien. Die Kuh bekam bestes Kleeheu und kräftigende Mehlsuppe vorgesetzt, aber sie rührte nichts an und siechte dahin.

Nun ging mein Vater zu einem alten Mann ins Tal hinunter, der einen überzeugenden Ruf als „halberter Viechdoktor" hatte. Er kam auch geschwind, besichtigte das leidende Tier, das sich schon seit Tagen nicht mehr vom Lager erhoben hatte, stellte bei seinen flüchtigen Untersuchungen kurz fest: „Bloache Augn, trockne Fotzn", und verordnete, der Kuh einmal am Tag Lindenbasttee und einmal starken Bohnenkaffee zur Herzstärkung zu geben, jeweils wenigstens einen Liter. „Wenn's hilft", legte der Alte dann vorm Fortgehen Rechnung, „nachher gibst mir a Packl Tabak." Wir Buben holten vom Wald Lindenbast, die Mutter kochte ihn, und dann wurde einmal der Absud und ein andermal starker Bohnenkaffee in den Schlund der „Luzl" geschüttet. Bereits nach zwei Tagen stellten die Eltern fest, daß die Kuh schon viel „murtlerner" (munterer) sei und die Augen einen leuchtenden Glanz hätten. Indes, es war wohl nur eine Täuschung in der verzweifelten Hoffnung: In einer Nacht kurz vor dem Palmsonntag kehrte der Vater vom Stall zurück, in dem er nun seit Wochen alle paar Stunden Nachschau gehalten hatte, und berichtete tonlos: „Die Kuah is schon hin."

Seltsam: Ganz zuerst dachte ich daran, daß der „halberte Viechdoktor" jetzt kein „Packl Tabak" zu kriegen hatte. Dann erst dachte ich an die Katastrophe, die auf uns hereingebrochen war.

Für uns alle folgten traurige Ostern.

Gabriel, der Autonarr

Ursprünglich war er für die Dorfleute der Müller Gaberl, weil sein Vater eine kleine Mühle betrieben hatte, und als man später vom „Herrn Gabriel“ sprach, ließ sich nie genau unterscheiden, ob dabei ein bißchen Respekt oder purer Spott mitklang.

Wegen Schäden vom First bis zu den Wasserrädern war die Mühle zuletzt nur selten betrieben worden; der alte Müller hatte sie noch selbst endgültig stillgelegt, gleich darauf war er gestorben. Als dann Gaberl ein Stück von der dazugehörenden kleinen Landwirtschaft für Bauplätze verkaufte, um sich mit dem Erlös ein Auto zu erwerben, da waren die Meinungen im Dorf aufrührerisch entgegengesetzt. Die einen drückten mit ihrem Staunen auch Anerkennung aus, wenn der Gaberl von der abgehausten Mühle mit seinem Luxusauto vorüberfuhr; für die anderen war es frevelhaft, Grund und Boden, von dem Generationen gelebt hatten, dem Hochmut preiszugeben. Ein Automobil war doch nur etwas für wichtige Geschäftsinhaber und „bessere Leut“, der Gaberl gehörte aber weder zu den einen noch zu den anderen.

Vor allem war er ein Pechvogel. Im Fahren noch ungeübt und doch alleweil übermütig unterwegs, hatte er seinen Wagen bald irgendwo „umgschmissen“. Da dieser danach nicht schön anzusehen war und der Gaberl damit keine Freude mehr hatte, verkaufte er abermals einen Fleck Grund und schlägerte das letzte Stück Wald, um sich ein neues Auto anzuschaffen.

Ehe er alles veräußert hatte, tat er einen klugen Schritt: Er wurde Taxiunternehmer. Er machte mit den Dorfleuten größere Fahrten, ließ sich dafür ordentlich bezahlen und „Herr Gabriel" heißen. Das gesicherte Einkommen machte es möglich und das gehobene Ansehen verpflichtete ihn dazu, sich alljährlich ein schöneres und somit teureres Auto zu kaufen; zu Ersparnissen brachte er es nicht.

Eines Tages schaffte sich auch ein Lehrer einen Luxuswagen an, bald darauf fuhr ein wohlhabender Bauer in seinem Hof mit einem solchen vor, und schließlich hieß es von einem, der beim Straßenbau Walzenfahrer war, auch er habe sich ein Auto gekauft. Das alles war ein gefährliches Zeichen für den „Herrn Gabriel", das er freilich nicht erkannte. Und im Wetteifern um dieses funkelnde Symbol des aufsprießenden Wohlstandes und der hochgelobten Tüchtigkeit war auch schon nach zwei Jahren fast bei jedem Haus ein eigener Pkw zu sehen, und für Gabriel gab's keine bezahlten Fahrten mehr.

Mittlerweile war nicht nur die alte Mühle verfallen und von Erlen und Eschen überwachsen, auch das einstens stattliche Wohnhaus daneben war von Buschwerk umsäumt und vom Einsturz bedroht und mußte behördlich gesperrt werden. Gabriel stellte seinen Wagen neben dem Mühlbach auf den ihm noch verbliebenen Wiesenfleck ab und nächtigte darin. Und im Rauschen, das vom Bachgrund emporstieg und von den die Wiese abgrenzenden Bäumen niedersank, träumte er von weiten Fahrten in schnellen Autos. Tagsüber fuhr er von einer Gaststätte zur anderen und bot überall seine Fahrdienste an. Aber man wies sie mit kränkendem Lächeln zurück und zahlte ihm ein Bier oder ein Glas Wein.

Einmal kehrte der Müller Gaberl nicht mehr heim zu seinem Bach, sondern kam irgendwo mit dem Auto von der Straße ab, stürzte ausgerechnet in einen kleinen Fluß und ertrank darin. Als man davon in seinem Dorf erfuhr, hieß es unverblümt und wohlmeinend, für ihn sei das „eh am gscheitesten gwesen".

Auf dem Kirchweg

„Auf dem Kirchweg", ein häufig gehörtes Wort, hatte eine zweifache Bedeutung: Für uns Khünegger war das räumlich jenes heute kaum noch begangene Stück des Weges, das steil über den bewaldeten Berghang und über ein flaches, von einem Bach durchschlängeltes Wiesenland bis zur Landesstraße führte; zeitlich war es jene knappe Wegstunde, die wir von daheim bis zu unserem Pfarrort St. Peter am Ottersbach oder von dort heimwärts zu gehen hatten.

Obgleich dieser Weg, der im Winter mit einem Ochsengespann vom Schnee freigepflügt wurde und der nach Schneeschmelze und Regenfällen in wunderlicher Weise vom morastig gewordenen Ursprungsweg abwich, viel öfter anderen Besorgungen diente, war niemals von einem Einkaufsweg, Ausgehweg, Doktorweg oder dergleichen und auch nur sehr selten vom Schulweg die Rede. Denn kein anderer Weg vereinte uns in ähnlicher Weise wie jener zur Kirche und von dort nach Hause. Es wäre geheuchelt, würde ich behaupten, diese gemeinsamen Gänge hätten in beherrschendem Maße der geistigen Einstimmung auf die Meßfeier und darauf dem frommen Nachklang, der stillen Einkehr und beschaulichen Betrachtung gedient. Allenfalls kam es gelegentlich zu Nachbesprechungen: Wenn ein fremder Aushilfsgeistlicher zugegen gewesen war, dann ging's darum, Person und Predigt zu erörtern, und zumeist war ja auch vielerlei „vermeldet" worden: Hochzeiten und Todesfälle, Wallfahrten und Kirchensammlungen, Kurse der Bauernkammer und Verlautbarungen der Gemeinde.

Aber diese gemeinsamen Gänge belebten Sonntag für Sonntag den Gemeinschaftssinn und das Gefühl einer schicksalhaften Zusammengehörigkeit, indem sie vom Alltagsgeschwätz bestimmt waren und jede dumpf einsinkende Sprachlosigkeit fernhielten; alte Geschichten und neueste Neuigkeiten ließen sogar vergessen, daß ein eisiger Wind ins Gesicht schlug oder die Sonne ihr Glühen selbst in die grünen Schatten strahlte, daß Regen fiel und der Weg schlammig oder zum „Derfallen" abschüssig war.

„Der Riegelschober braucht hiatz nimmer z' Fuaß gehn", sagte an einem Frühjahrssonntag jemand, als wir auf unserem Kirchweg über den sogenannten Steinriegel hinuntergingen. „Hat sich a Moperl kauft." Welche Verzückung war da herauszuhören: „Nimmer z' Fuaß gehn ..."

„A echts?" fragte einer überrascht, da wir unter einem „Moperl" in erster Linie ein Motorrad verstanden.

„Na, a Moped." Da bei uns noch niemand ein solches hatte, hielt die Überraschung allgemein an.

„Hat er sich damit noch nit derstößn?" kam dann von jemandem die Frage, die möglicherweise von Sorge, viel eher aber von plötzlichem Neid bestimmt war.

Und ganz in diesem Sinne beherrschte diese Neuigkeit auch das weitere Gespräch und erfuhr später auf dem Kirchplatz manch phantasievolle Ausschmückung und Verbreitung.

So kam es, daß auf dem Heimweg eben auch auf dem Steinriegel, wo die Nachricht zur Verbreitung ihren Ausgang genommen hatte, in einer anderen Gruppe von Kirchgängern, der ich mich zugesellt hatte, plötzlich einer

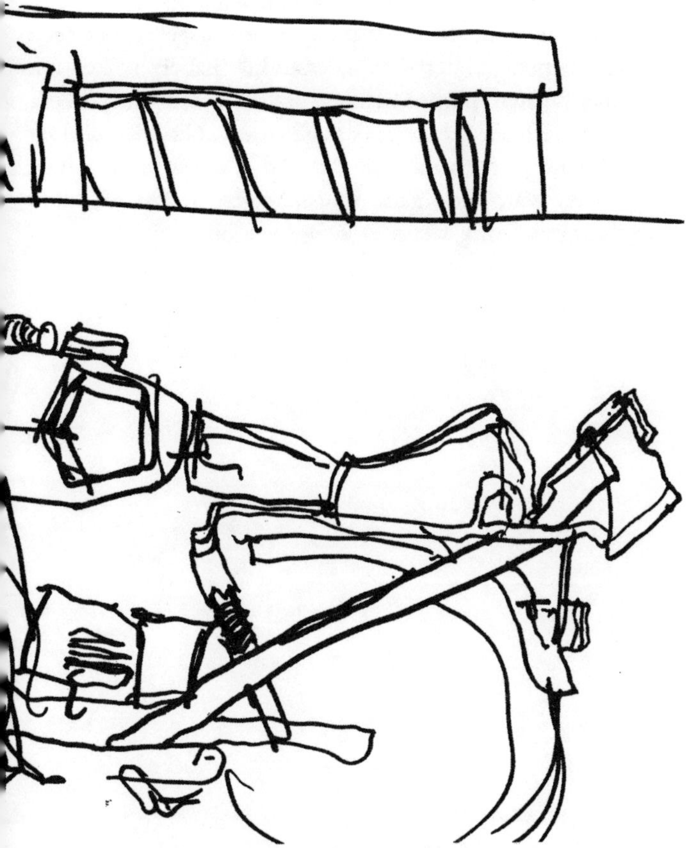

ausrief: „Habt's schon ghört? Der Riegelschober soll a Moperl kauft und sich damit glei derstößn haben."

„Was du nit sagst! Is ihm viel passiert?"

„Denk schon."

„Alles, was schneller is wie a Schubkarrn, is a Glumpert!"

„Wenn er wieder zsammkommt, der Riegelschober, nachher wird er wohl koa Moperl mehr angreifn."

Mit solchem Gerede erreichten wir über dem Steinriegel die neue Schotterstraße. Und ausgerechnet jetzt kam derjenige, der sich „derstößn" haben sollte, mit seinem roten Moped dahergebraust. Nach einer Weile des betretenen Schweigens sagte einer: „Nit links und nit rechts hat er gschaut!" Die Art und Weise, wie das gesagt worden war, hatte ganz so geklungen: Recht tät's ihm schon geschehn, wenn er sich „derstößn" tät …

Die nichts erlebt haben

„Wenn ma nit selber dabeigwesen is, woaß ma nix." Damit wurde allemal das Unvermögen ausgedrückt, mit Worten zu erzählen, was man erlebt hatte. Aber für uns Buben war das Erzählte ausreichend, um in uns die Phantasie zum Leuchten, ja zum Glühen zu bringen. Und so zogen wir mit den Kriegern durch die Weiten Rußlands, hörten mörderisches Kanonengedonner und sahen um uns zerfetzte Leiber. Wir froren in den Schneehöhlen des Nordens und kämpften hungernd gegen eisige Stürme. Wir wankten durch afrikanisches Wüstenland, über uns die feurige Sonne, unter uns der glühende Sand und in der Feldflasche keinen Tropfen Wasser. Und wir schmachteten in einem russischen Gefangenenlager, das uns zu einem lebenslangen Schicksal zu werden drohte, und in einem französischen, in dem die Ruhr einen Kameraden um den anderen dahinraffte …

Bis weit in die fünfziger Jahre war es die liebste Freizeitbeschäftigung der Kriegsheimkehrer, daß sie zusammenkamen und Kriegsgeschichten erzählten. So saßen sie an Sonntagnachmittagen und im Winter oftmals in den Stuben und berichteten uns bei einem Krug Most oder Wein vom entsetzlichen Grauen und hehren Heldentum der vergangenen Jahre.

Meist etwas abseits von ihnen saßen die Frauen und Mütter bei einem Strick- oder Nähzeug, hörten interessiert zu und sagten kaum einmal etwas. Und wenn, dann nur das: „Wie ihr das alles ausghalten habts!"

Was hätten sie auch erzählen sollen?

Viele von ihnen waren die ganze Zeit über allein gewesen, allein mit ihren Kindern und vielleicht auch mit alten Leuten. Es gab nur Kümmernisse und Alltagssorgen, aber keine aufregenden Abenteuer und kühnen Heldentaten. Ein Stall voll Vieh war zu versorgen, ein Acker umzupflügen und zu bebauen, die Wiese zu mähen, das Feld abzuernten, die Kellerarbeit zu machen.

Neben der Sorge für die Kinder und dem Säen und Ernten gehörte es auch zum Dienst an der „Heimatfront", daß die Frauen und Mütter im Winter die Schneelast von den Dächern zogen und im Sommer die Wege wieder in Ordnung brachten, wenn ein Gewitterregen sie zerrissen hatte, daß sie im Herbst in den Wald zur Holzarbeit gingen und im Frühjahr die Fahrnisse (Fuhrwagen und Ackergeräte) instand setzten, daß sie die Kühe zum Stier führten und im Obstgarten junge Bäume nachsetzten. Und zum Dienst an der „Heimatfront" gehörte es schließlich, daß die Frauen und Mütter zuerst den eigenen Soldaten in Haus und Scheune Unterkunft gewährten, die meist aus dem „Altreich" gekommen waren, und daß sie zum Schluß die feindlichen Soldaten erleiden und erdulden mußten.

Aber sonst erlebten diese Frauen und Mütter nichts, keine Abenteuer und Heldentaten, wir Buben hätten davon ja gewußt, denn wir waren an ihrer Seite gewesen. Und so schwiegen sie beinahe verschämt, wenn die Männer bei einem Krug Most oder Wein vom entsetzlichen Grauen und hehren Heldentum des Krieges erzählten, bei dem man selber hätte dabeigewesen sein müssen, weil man sonst nichts wisse. Und das erzählte Grauen ging ihnen nahe: „Wie ihr das alles ausghaltn habts ...!"

Die Pfingsttauben

Im Mai führte auf dem Schulweg, der fast an jedem Tag durch ein anderes Stück des meinen Heimatort Khünegg umkränzenden Waldes ging, jeder Baum meinen Blick kronenwärts, und so entdeckte ich es eines Tages im Dunkel einer buschig gewachsenen Fichtenkrone, die am Waldrand zwischen frisch grünenden Eichen und Buchen stand: ein Vogelnest, aus dürrem Reisig ganz dürftig nicht sehr hoch ins Geäst gebaut, so daß ich es fachkundig sogleich einer Ringeltaube zuordnete. Geschwind war ich oben und fand zwei Junge in noch flaumigem Gefieder.

„Zu Pfingsten sind s' nachher grad recht zum Ausnehmen“, sagte mein Vater, dem ich nach Schulheimkehr von meinem Jagdglück erzählt hatte. Junge Vögel ausnehmen, das erweckte in den Buben seit jeher stets eine unbeschreibliche Lust, und junge Ringeltauben in der Pfanne, das war allemal ein Festtagserlebnis fürs ganze Haus. Ich hatte solch zartes Federvieh freilich noch nie erbeutet – wenn ich einen Baum erklommen hatte, war das Taubennest immer leer gewesen –, umso ungeduldiger wartete ich jetzt auf Pfingsten.

Bis dahin hatte ich aber noch zwei Wochen auszuharren. Beinahe an jedem Tag kehrte ich beim Waldrand zu, schielte zärtlich-begehrlich ins dunkle Geäst hinauf und versuchte mit meinen Blicken das Nest zu behüten. Und auf das dumpfe Gurren, das aus der Tiefe des Waldes kam, antwortete ich mit inwendigem Zurufen: „Schaut auf eure Kinder, füttert sie nur schön!“

Da ich die dabei empfundenen glücklichen Augenblicke gerne mit jemandem teilen wollte, zeigte ich meinem damals besten Schulfreund das Nest. Das war etliche Tage vor Pfingsten auf dem Heimweg von der Schule, und er kletterte selber auf die Fichte hinauf. Er blieb ziemlich lange oben, so daß ich schon unruhig wurde; der Anblick schien ihn zu fesseln.

„San schon ganz foast (fett)“, berichtete er mir atemlos, nachdem er endlich vom Baum herabgeglitten war; inwendig schien er aber noch oben zu sein. „Die werden gwiß bald ausfliagn“, gab er sich überzeugt.

„I werd s' eh noch vor d' Feiertag holen“, sicherte ich ihm zu.

„Was! Ausnehmen willst sie?“

„Tätest du's halt nit?“

Mein Schulfreund schaute mich fassungslos an. „Die Tauben ausnehmen und umbringen – zu Pfingsten!“ rief er entsetzt. „Denk! Wo der Halige Geist die Gstalt von einer Taub angnommen hat!“ Sein Entsetzen war so überzeugend und vorwurfsvoll, daß ich nichts zu erwidern wußte und mich auf dem ganzen Heimweg schämte.

Am Pfingstsamstag wurde ich zu Hause vom Vater an die jungen Tauben erinnert. Ich gestand kleinlaut, daß mir fromme Bedenken gekommen seien: Pfingsten, der Heilige Geist als Taube und so … Die Mutter sagte lächelnd, sogar dem kleinen Jesuskind seien Tauben geopfert worden, und der Vater nannte mich einen „tepperten Buam“. Mehr sagte er gar nicht; er schien mich für so einfältig zu halten, daß er weiteres Schimpfen oder weiter auf mich einzureden für sinnlos erachtete. Warum er mich so schmähte, begriff ich bald darauf.

Denn meine Bedenken waren rasch zerstreut, und ich lief geschwind hin zum Waldrand, um die fetten Tauben zu holen. Indes, das Nest war leer. Der sofortige Verdacht, daß nur mein Freund die beiden Vögel geholt haben konnte, erfüllte mich zunächst mit Wut und Bitterkeit. Doch als ich mir fest einzureden versuchte, sie könnten ganz einfach ausgeflogen sein, wurde ich sogar froh bei diesem Gedanken.

Nachwort

Als mir bei einer Diskussion um den Mindestlohn die Frage gestellt wurde, ob denn Geld zum Glück notwendig sei, fiel mir ein Satz aus dem Manuskript des vorliegenden Buches ein, das ich gerade durchlas. Dieser Satz lautet so: „Ich erzähle vom Alltagsglück dieser Leute, das so bescheiden wie still ist, das aber nie satt und immer neu zufrieden macht.“ Die Erinnerung an diesen Satz ließ mich die Frage dann in die Richtung beantworten, daß zum Glück zwar ein Mindestmaß an materieller Absicherung gehöre, daß das Materielle aber des Einbaus und der Einordnung in Werte und Zielvorgaben bedürfe, die dem Materiellen erst Sinn geben.

In den neuen „G'schichten vom Land“ geht es meines Erachtens um die immateriellen Rahmenbedingungen des Glücks. Diese neuen Geschichten sind schon in der „Kleinen Zeitung“ mit hintergründigen Illustrationen von Gerald Brettschuh erschienen, für diesen Band aber in überarbeiteter und literarisch verdichteter Form neu zusammengestellt.

Diese „Neuen G'schichten vom Land“ sind also im vorher genannten Sinn keine nostalgische Verklärung der Armut in kargen alten Zeiten, sondern für mich wesentlich ist das Aufzeigen von Rahmenbedingungen, wie auch in diesen kargen Zeiten das Glück gedeihen konnte.

Dazu gehört wesentlich die Beschränkung der Glückserwartungen, die, ins Unermeßliche getrieben, nicht erfüllt werden können und damit Unglück bewirken.

Dazu gehört die Bescheidenheit, die in der Stille der kleinen Glücksmöglichkeiten ansichtig wird und in der Nutzung dieser Glücksmöglichkeiten sich nicht den Zugang zu weiterem Glück verbaut. So wird das Glück nie satt und kann immer neu zufrieden machen.

Dazu gehören auch die Einbettung des Menschen in eine ihn tragende Gemeinschaft und das Gehaltensein in ihr. Immer wieder kommt dieses Leben aus der Gemeinschaft in den Geschichten als wesentlich für das Glück vor. Dabei geht diese Gemeinschaft über die Bestimmung als Zweckverband hinaus und weiß sich getragen von Werten, die letztlich im Religiösen gründen. So geht das Zusammensein über den Tod hinaus und bezieht die Toten mit ein, wie es in der Geschichte „Rückkehr der Seelen“ so berührend gezeigt wird. In der trotzigen Gebärde des Stockschlagens bei der Totenwache kommt dieses, wenn auch oft nur tastende Wissen der über den Tod hinausgehenden Gemeinschaft deutlich zum Ausdruck.

Natürlich war diese Einbettung in die Gemeinschaft auch mit der Notwendigkeit des Zurückstellens eigener Ansprüche verbunden. Wo dieses Zurückstellen nicht gelang, war es oft mit dem Fallen ins Nichts oder mit dem Ausweichen ins Kauzhafte und in Schrullen verbunden. Dieses Kauzhafte war in vielen Fällen aber wieder Anstoß für die Gemeinschaft, über ihre Grundlagen nachzudenken. Denn das Eingebettetsein des Glücks in die jeweilige Gemeinschaft bedeutet auch eine Beschränkung des Glücks auf die jeweilige Gesellschaftsgrundlage und macht mitunter unfähig, sich neu eröffnende Glückmöglichkeiten zu erschließen, wie in der Geschichte „Die alten Koglweber-Leut auf Urlaub“ deutlich wird. Gerade aber auch in solchen Beschränkungen gründen die Ermöglichungen anderer Glücksquellen, ein Gedanke, der das Leitthema des schon vergriffenen Romans des Autors „Flucht ins Gestern“ angibt.

Zusammenfassend könnte man dem Rahmen für das Kleinkeuschlerglück den Namen „Heimat“ geben. Heimat ist jener Ort, wo man verstanden wird, ohne daß man sich lange erklären und lange erklärt bekommen muß. Solches blinde Verstehen läßt auch zerbrochene Eier als Zahlungsmittel annehmen. Und auf der Basis solchen Verstehens können auch neue Situationen bewältigt werden, wie die Geschichte von den zwei Müttern so hervorragend zeigt. Was Worte nicht mehr zu fassen vermögen, vermag der die Heimat gewährende Blick.

Heimat aber ist bei Strohmeier nichts Statisches und Feststehendes, „Heimat ist nicht nur Erinnerung“, wie der Autor im Roman „Frühfröste“ ausführte, sondern Heimat ist dauernder Auftrag zur Neugestaltung und Anpassung an geänderte Zeitverhältnisse im Zusammenhang mit der Annäherung dieser an alte Traditionen. Diese Anpassung geht nicht automatisch vor sich, sondern bedarf der harten Arbeit. Die in diesem Band vereinten Geschichten zeigen ja, daß dieses Ausgleichen von Neuem und Altem gelingen kann wie dem Hans in der Erzählung „Khünegger TV-Theater“, sie zeigen aber auch die Möglichkeit des Scheiterns wie bei Gabriel, dem Autonarren.

Heimat besteht somit nicht nur in der Rückbesinnung auf Vergangenes, sondern wesentlich auch im Ausblick auf die Gestaltung der Zukunft. Die Rückbesinnung auf alte Zeiten dient dabei nicht zuletzt der Rückbesinnung auf Werte, die den Rahmen für das Glück schaffen helfen. Solche Werte sind heute wichtig wie damals. Ich denke nur an die aus den Geschichten leuchtende Ehrfurcht vor dem Leben und der Natur, das Einstehen für den anderen, die Pflege der Gemeinschaft, die Bescheidenheit oder die Zufriedenheit. Auch der heutige Mensch bedarf solcher Bindungen an Werte, weil es ja gerade diese Bindungen sind, die ihn halten und so seine Freiheit ermöglichen.

Aus solchen Werten heraus die Zukunft zu gestalten, bleibt wesentliche Aufgabe. Heimat ist damit die Verbindung des Ortes, woher man kommt, mit dem Ziel, wohin man geht. Heimat heißt nicht, nicht fortzugehen, Heimat bedeutet aber, auch in der Fremde den Ausgangspunkt nicht zu vergessen. Heimat ist so Geschenk und Gestaltungsaufgabe. Ich hoffe, Fred Strohmeier richtig zu verstehen, wenn ich seine Geschichten als einen Aufruf zur Wahrnehmung dieser Verantwortung angesichts unseres Ausgangspunktes zur Gestaltung des Zieles interpretiere und damit als einen Aufruf, die heute reichlich vorhandenen Glücksmöglichkeiten zu nützen.

Leopold Neuhold